LOS MUNDO

Quitando «peros» a la vida

Los Mundo

Título Original en Español: Los Mundo. Quitando «peros» a la vida.

Primera edición, 2021

© Los Mundo
www.losmundo.com

Editado por: Augusto Bruyel, Danny González (Young Scribes)
Diseño de portada: ©María Magdalena Varela Álvarez (María "Chulita")
Fotografía de portada: Kike Arnaiz

ISBN-13: 9798762530101

Reservados todos los derechos. No se permite la reproducción total o parcial de esta obra, ni su incorporación a un sistema informático, ni su transmisión en cualquier forma o por cualquier medio (electrónico, mecánico, fotocopia, grabación u otros) sin autorización previa y por escrito de los titulares del *copyright**. La infracción de dichos derechos puede constituir un delito contra la propiedad intelectual.

*Esta versión tiene permiso de los titulares del *copyright* para imprimirse únicamente bajo demanda en la plataforma de Amazon.

El mundo, nuestro hogar…

A Dani, porque contigo los sueños
sobrepasan los límites de la realidad.

A mis hijos Tao, Dhara y Erik, por ser
el motor que me anima a quitarle «peros» a la vida.

*El primer deber del hombre
es andar siempre adelante.*

Thomas Carlyle

*Educad a los niños, y no será
necesario castigar a los hombres.*

Pitágoras

*El hombre vale porque es hombre, no
porque sea judío, cristiano, alemán, italiano, etc.*

Hegel

Índice

Prólogo 7
1. Donde hay amor, hay crecimiento............................ 11
   El inicio de todo 14
   Viajes en pareja 19
   Una vida estable.. 25
   Primeros viajes en familia.................................. 27
   El sueño 30
   RumRum.. 32
   Al fin en casa (con ruedas) 36
2. Acoplándonos a una nueva vida.............................. 41
   Empezamos a rodar 44
   Rumbo a Ushuaia 48
3. Los Mundo 55
   De ruta a Puerto Natales 60
   Torres del Paine 64
   Arrancamos en Youtube 69
   Los niños y las cámaras 74
   Ruta 40 76
   Tilcara 79
4. Viajar con visitas.. 85
   CREAMOS 90
   Los *yayos* 97
   Volvemos a rodar 102
   Escuela de Ayampe, Ecuador 112
   Los *avis* 115
   Atrapados... 120
5. Abandonamos el canal 129
   Los espíritus de la Tierra 131
   Corre, corre… 133
   Caravana de familias.. 138
6. Nuestro hogar: el Mundo 141
   Panamá, la puerta a Centroamérica 146
   Costa Rica ¡Pura Vida! 152
   Las cosas no salen como planeamos 155
   Conquistando la libertad.................................... 161
Agradecimientos 165

Prólogo

Beatriz Viaño Montaña

Corresponsal de RTVE en Bogotá

Marta y Dani se despertaron una mañana convencidos de que el camino que habían elegido no era el que querían seguir transitando. Inconscientemente por sus cabezas rondaba la idea de vivir en un viaje permanente y aunque nunca habían hablado de dar la vuelta al mundo, les apasionaba coger sus mochilas, escaparse lejos y sentir que tenían el universo a sus pies. Pero las cadenas que les ataban a la realidad, les impedían perseguir la libertad que tanto anhelaban. Materializar aquella fantasía no resultaba sencillo, sobre todo teniendo niños; les paralizaba el miedo a «salirse del rebaño», a pesar de que el fin último era invertir todas las horas del reloj en exprimir al máximo la infancia de sus hijos. Antes de enfrentarse al rechazo que causaría dar rienda suelta a su imaginación, la opción más fácil era meter en un cajón esa ilusión y conformarse con elegir en el mapa un destino nuevo cada año, para pasar tiempo en familia durante las vacaciones de verano.

Marta no tenía ninguna duda de que su vida parecía encauzada. Tenían un piso, trabajo estable, eran padres de Tao y de Dhara, Erik venía en camino... ¿Qué más podían necesitar?, ¿quién iba a aceptar que se mudaran con sus hijos a una casa con ruedas?, ¿qué harían con la educación de los niños?... Incluso ella sabía que sus pensamientos sonaban a locura y eso le llevaba a luchar contra el propio impulso que sentía de querer variar el rumbo de su destino.

A medida que avanzaba su tercer embarazo, el deseo de dar un giro de 180 grados era cada vez más necesario, hasta que llegó aquel sueño de una noche de otoño y precipitó el cambio que estaba buscando; había llegado el momento de vivir como ellos querían y no como los demás consideraban que debían hacerlo.

En pocos meses se desprendieron de la pesada carga de lo material para convertirse en lo que son hoy: Los Mundo a bordo de su Run Run (el camión 4x4 en el que viajan).

La primera vez que oí hablar de esta familia aventurera estaba a punto de iniciar un proyecto laboral en América Latina. Mi padre, que a su vez conocía al de Marta, me había contado su historia y me animó a contactar con ella en cuanto cruzara el charco. Su experiencia me resultaba lo suficientemente interesante como para hacer un reportaje para el medio de comunicación en el que trabajaba, aunque no iba a ser fácil coincidir en un continente tan extenso.

Marta, Dani, Tao, Dhara y Erik ya se habían adaptado al nuevo espacio de su hogar ambulante y viajaban de un sitio a otro a través de la Panamericana (el sistema de carreteras de unos veinticinco mil kilómetros de distancia, que se extiende desde Argentina hasta Alaska). Atrás habían dejado Argentina, Uruguay, Chile, Bolivia, Perú y se dirigían camino de Ecuador. Para entonces Marta y yo ya habíamos hablado alguna vez por teléfono, sin imaginar que nuestros caminos se cruzarían muy pronto.

En octubre de 2019 Los Mundo seguían recorriendo Ecuador, cuando quedaron varados en un pueblo de la cordillera andina. La crisis social en el país, que había desatado fuertes protestas, lo había paralizado todo. Los cortes en las carreteras les impedía moverse de la zona donde se encontraban. Sin saberlo aquella era una parada premonitoria, que serviría como ejercicio de prueba de lo que vendría unos meses más tarde con la declaración de las primeras cuarentenas.

Después de quince días atrapados, por fin volvían a ponerse en ruta. Aprovechando que yo también me encontraba en el país decidimos que era un buen momento para conocernos, ponernos cara y dar forma a aquella idea inicial de reportaje.

En el parking del aeropuerto de Quito, Run Run no pasaba desapercibido. Tao y Dhara, que aprovechaban los últimos rayos de sol para jugar alrededor del camión, decidieron ejercer de anfitriones y mostrarme la casa. Con cinco años Dhara se esforzaba por superar su timidez. Tao, a punto de cumplir los siete, se desenvolvía con una soltura cautivadora mientras relataba sus experiencias en el Glaciar Perito Moreno, en el Machu Picchu, en el espectáculo de ballenas jorobadas en el Pacífico... sin duda las piruetas de los cetáceos le habían maravillado, hasta tal punto, que acabó dándome una clase magistral sobre estos mamíferos. Mientras Marta sostenía al pequeño Erik en brazos, ella y Dani escuchaban orgullosos las historietas entretenidas de los niños. Las voces que en el pasado torturaban la mente de Marta, se habían ido desvaneciendo a medida que veía crecer a sus hijos. En los últimos tres años su Mundo ha sido su familia y el viaje solo una excusa para estar con ella. El aprendizaje, la ilusión y la curiosidad que ha despertado en los pequeños semejante aventura, es la mejor prueba de que esta vez han elegido la ruta acertada.

1

Donde hay amor, hay crecimiento

Nuestra nueva vida tiene nombre de vuelta al mundo y no vamos solos, nos acompañan incertidumbres, miedos, una gran sensación de libertad…

Hoy hace tres años que vivo en un camión de ocho metros cuadrados viajando por el mundo con mi marido y mis tres hijos; desde hace nueve meses, también con dos gatos. Recuerdo los nervios que sentía en el momento de subirnos al avión rumbo a Buenos Aires, despidiéndonos de una vida en Madrid y algunos corazones rotos. Nos íbamos para no volver.

Atrás dejamos el barrio de Prosperidad al que llegamos con un bebé. Y partimos con tres. Atrás se queda la calle Corazón de María que recorría a diario varias veces para llevar a los niños al colegio, ir al supermercado, comprar el pan, recogerlos en la escuela, llevarlos al parque. Subidos a ese avión, parecen lejanas las mañanas de prisas para levantar a los niños, prepararles el desayuno y salir corriendo hacia la puerta del colegio con Erik todavía en pijama, envuelto en el saco del carrito.

Lejanas me parecen las charlas mañaneras con las mamás del colegio con las que de vez en cuando salíamos a liberarnos bailando y cantando en un karaoke. ¡Qué bien sentaban esas salidas sin hijos y sin maridos! Solo nosotras, las mamás desatadas disfrutando de nuestra noche con total complicidad.

Allá abajo, en una calle de Madrid, se quedaba también nuestra seguridad económica: Dani acababa de vender su parte de la empresa a su socio y amigo. Nos subíamos a ese avión con el dinero suficiente para mantenernos durante los dos primeros años; a partir de entonces deberíamos conseguir financiar el viaje con un proyecto audiovisual que no teníamos nada claro. La mezcla de emoción, alegría y miedo se juntaban en mi corazón. Sentía que estaba haciendo lo correcto, pero en mi cabeza resonaban las palabras de seres queridos que no podían entender lo que estábamos haciendo: «¡Estáis locos! ¿De qué vais a vivir?» «¿Y la educación de los niños?» «Esos países son muy peligrosos». «Los niños necesitan estabilidad, tener una rutina y amigos». «Sois unos egoístas!»…, y otras mil cuestiones que seguro rondan la cabeza de tantas personas. Al tomar la decisión de elegir nuestra vida, parecía que había acallado todas esas voces; pero no era así, esas palabras provienen de gente que nos quiere y por eso nunca se pueden silenciar. Los últimos meses en Madrid procuraba hablar menos con mis padres porque sabía que cualquier conversación iba a terminar en una lucha emocional que me afectaba. ¿Cómo no iba a afectarme? Era la opinión de personas que me aman.

Ya me había pasado otras veces. Cada vez que tomaba una decisión que cambiaría el rumbo de mi vida, tenía que contárselo a la gente para que se hiciera real. Mientras esta idea estuviera solo en mi cabeza, o en la de Dani, pertenecía a la intimidad y en cualquier momento podíamos cambiar los planes. Necesitaba gritárselo al mundo para que no pudiéramos echarnos atrás. Sabía que esta vez la despedida sería mucho más difícil.

Los cambios, que siempre me habían gustado, ahora se me estaban indigestando.

Me sentía culpable, al igual que egoísta, por arrancar a mis hijos de su vida sin que ellos me lo hubieran pedido. Separarlos de sus amigos, abuelos, primos, rutina... Los niños eran felices yendo al colegio, jugando un rato en el parque y leyendo juntos un cuento antes de dormir. Ellos no sabían que ahí fuera les esperaba un mundo lleno de aventuras; pero yo... ¿yo lo sabía?, ¿en realidad este viaje será bueno para ellos o sólo es un capricho mío? Las dudas eran inmensas.

Me costó todo: desprenderme de sus juguetes, de su habitación, de la cuna donde habían dormido los tres. Aunque lo peor fue despedirme de sus profesoras, de las madres del colegio, de sus compañeros. Y ya ni hablar de la familia, esos abuelos destrozados por una decisión que no entendían, o los primos con los que pasábamos las tardes de domingo. Pero todos sabemos que las decisiones importantes en la vida no suelen ser fáciles, los desafíos dan miedo. No negaré que fue difícil, y mucho; pasaba noches en vela preguntándome ¿por qué estamos haciendo esto? Ahora estamos bien, hemos construido nuestro hogar y vivimos cómodos; ¿por qué el viaje aparecía en nuestras vidas de forma tan rotunda? Íbamos a romper con algo que habíamos creado para empezar una nueva vida sin ningún tipo de garantías. Los miedos surgían, pero el corazón lo tenía tan claro que nada podría detener nuestro sueño.

El inicio de todo

Dani y yo nos conocimos en los Pirineos; en concreto, en el Valle de Arán. Él trabajaba en un hotel como encargado de mantenimiento; yo había subido a practicar *snowboard* a las pistas de Baqueira Beret. En ese momento yo trabajaba en una agencia de publicidad en Barcelona y aproveché un festivo para ir a la montaña con compañeros del trabajo. La última noche antes de regresar a Barcelona salimos a tomar unas cervezas al bar donde estaba Dani con dos amigos jugando al futbolín:

—Hola, ¿puedo jugar? Veo que os falta una persona —dije yo con la seguridad que me caracterizaba en aquella época.

—Claro, vas conmigo —contestó el chico al que le faltaba la pareja, que no era Dani, así que digamos que en nuestra relación empezamos siendo contrincantes. Nuestras miradas se cruzaban cuando yo, desde mi puesto de portera, chutaba directo a puerta. De niña me había pasado tardes enteras jugando al futbolín en los recreativos de mi barrio y era una experta metiendo goles directos desde la defensa. Él me miraba desde el lado contrario con sus ojos rasgados llenos de vida, dispuesto a parar mis goles. Aquel chico despierto y risueño atesoraba muchas experiencias que descubriría poco después.

Pasamos el resto de la noche hablando y yo no podía dejar de escuchar sus historias de viaje. Dani empezó diciendo que hacía poco que había vuelto del Sudeste Asiático donde estuvo sacándose un certificado de buceo en una isla perdida. Parecía no querer hablar del tema, pero yo seguía tirándole de la lengua porque quería escuchar más.

—Empecé a viajar cuando volví de la mili con 20 años —que era el servicio militar obligatorio, donde a Dani le había tocado el último reemplazo. Continuó:— me había tocado pasar ese año en las Islas Canarias, lejos de mi tierra, y ya no quería volver. Deseaba comerme el mundo, así que me fui a Ibiza donde ahorré lo suficiente, llevando a turistas de un lado a otro de la isla, para comprarme un billete de ida a la India. A esa edad no sabía lo que iba a encontrarme, pero tenía sed de aventura. ¡Y la tuve! ¡Vaya si la tuve!

—¿Qué te pasó allí? —dije con la curiosidad de una niña de 5 años.

—Nada más salir del aeropuerto de Mumbai, sentí el calor sofocante en mi cara. Los sonidos de bocinas de diferentes intensidades se me clavaban en los tímpanos, al tiempo que un grupo de hombres me rodeaban gritando «¡taxi, taxi!» más otras frases en inglés que no entendía. Sentí tanto agobio que tuve que volver a entrar al aeropuerto.

—¡Madre mía! ¿Y qué hiciste entonces? —Preguntaba yo con ansias para que siguiera contando la historia.

—Nada, un turista me vio y se apiadó de mí. Me dijo: «Primera vez en India, ¿verdad? Mira, tienes que tomar un *taxi* que te lleve al barrio de Colaba, porque allí es donde se juntan todos los mochileros. Busca un *hostel* y sal de Mumbai cuanto antes». Cumplí sus indicaciones y en cuanto quise darme cuenta estaba tumbado en una cama muy dura en el centro de la ciudad. Aunque la experiencia del aeropuerto no fue lo peor, lo más traumático fue mi salida en tren de Mumbai.

—No me dejes con la intriga —le miraba con los ojos bien abiertos.

—Fui a la estación de tren a comprarme un billete hacia Goa, pero mi inexperiencia y falta de presupuesto hizo que me comprara el billete más barato. Cuando vi el vagón atestado de gente al que me tenía que subir, pensé que no era posible. Intenté hacerme un hueco, mas allí no cabía un alfiler; así que alguien tiró de mí desde dentro para meterme cuando el tren se puso en marcha. Sin embargo, no había espacio y sólo pude quedarme agarrado en la puerta con la mochila colgando fuera del tren. —Dijo mientras hacía un gesto gracioso con la cara. Continuó:

—Así fui todo el trayecto, con los pies dentro del vagón y el resto de mi cuerpo colgando. No volví a coger un tren; me pasé doce meses recorriendo la India en los llamados *chicken buses,* te puedes imaginar por qué les llaman así. Al final del año alguien me dijo que la mejor forma de conocer la India era en tren, pero comprando billetes de segunda clase donde tienes tu propio asiento.

—Jajajaja, menudo loco. ¿En serio no te enteraste hasta el final del viaje de eso? —respondí tratando de disimular lo encantada que estaba con sus historias.

—En serio. Ese año en la India fue mi primer gran viaje y cada experiencia era un aprendizaje. Después de eso, el resto del mundo me pareció manteca pura.

—¿A dónde fuiste después? —Continuaba yo con mi interrogatorio.

—Buff, la vuelta fue bien difícil. Cuando llegué a Barcelona no entendía nada. Me parecía que la gente hablaba demasiado fuerte, me costaba estar con mi familia y amigos. Con el tiempo me fui acostumbrando, sólo que ya estaba preparando mi siguiente viaje a América.

—¿Y cómo haces para financiarte todos esos viajes? —Yo quería saber los detalles, necesitaba un cambio en mi vida y ese chico de ojos vivos podía tener la respuesta.

—Busco un trabajo, laboro duro durante unos meses para ahorrar y luego me marcho.

—Entonces, ¿cada vez que vuelves tienes que buscar un trabajo nuevo? —Esa idea ya no me parecía tan romántica como las aventuras de viaje.

—Antes sí; aunque donde trabajo ahora están tan contentos conmigo que dejan que me vaya en temporada baja, para volverme a contratar cuando regreso. Hay mucha gente que trabaja haciendo temporadas.

Así fue como empecé a darme cuenta de que había otras formas de vida distintas a la que yo conocía; para mí todo se reducía a estudiar en la Universidad y encontrar un buen trabajo. Quizás buscar un trabajo que me permitiera viajar, mas siempre con una seguridad que me respaldara. Esta vida inestable, aunque llena de aventuras e intuición había tocado una tecla desconocida dentro de mí.

Dani continuó contando aventuras, como cuando cruzó el Amazonas en un barco durmiendo en una hamaca durante dos meses. O cuando intentó llegar a Irán en coche pero se quedó en la frontera por no tener permiso y terminó en el Sudeste Asiático sacándose el curso de *Dive Master* en una isla paradisíaca.

Mientras escuchaba una historia tras otra, mis ojos le pedían a gritos: «llévame contigo». Su vida era sinónimo de aventura y capacidad de trabajo para ahorrar lo suficiente durante unos meses y poder viajar otros tantos. Ese estilo de vida removió en mí a esa niña aventurera que quería ser misionera para poder viajar por el mundo ayudando a los demás; pero, en algún momento, esa niña se había convertido en publicista apasionada con su trabajo. Sin embargo, tal y como sucedería más adelante cuando criaba a mis tres hijos pequeños, sabía que algo no iba bien.

Mi vida me gustaba, disfrutaba las largar jornadas de trabajo y sacaba el máximo partido a mi tiempo libre saliendo de fiesta siempre que podía. Sin embargo, pasados los primeros años de euforia, empecé a darme cuenta de que mi vida se reducía a muchas horas de labor, otras de ocio y muy pocas de sueño.

Un día, una directiva llegó de sus vacaciones contando que los primeros días habían sido duros porque sus hijos lloraban al no estar su cuidadora para darles los cereales. Mientras ella explicaba aquella anécdota con toda naturalidad, mi mundo comenzó a desmoronarse; ya nada volvería a ser igual. Empecé a sentir pena por mí y mis futuros hijos con una madre ausente. Nunca antes me lo había planteado hasta ese momento, ¡si ni siquiera había pensado en los hijos de forma real!

Esa historia hizo que me preguntara si esa era la vida que quería de verdad. Lo que había deseado con tantas fuerzas los últimos años empezaba a tener grandes grietas y las dudas me asaltaban. Comencé a recordar los años que había estudiado en Estados Unidos y la sensación de querer viajar y conocer otras culturas. Pero la sociedad tenía otros planes para mí y terminé escuchándola a ella más que a mí misma.

Con todo, aquella idea de viajar, conocer y estar en contacto con otras culturas seguía dentro de mí, calladita en una esquina hasta que apareció Dani.

Viajes en pareja

Lo nuestro fue amor a primera vista y solo hizo falta una propuesta para que lo dejara todo y me fuera con él a recorrer el mundo con nuestras mochilas. Dani no tuvo que convencerme de nada, despertó a esa niña que había permanecido callada durante varios años. Y me di cuenta de lo importante que es escuchar esa vocecilla interior, porque en la infancia está nuestra verdadera esencia que poco a poco vamos dejando de lado. Terminamos escuchando más lo que nos dictan otros que a nosotros mismos.

Seis meses después de conocernos, Dani y yo, enamorados hasta las trancas, desembarcamos en Nueva Delhi, India. Allí comenzaba un año y medio de viaje por Asia y Nueva Zelanda que nos sirvió para darnos cuenta de que queríamos estar toda la vida juntos.

Ese viaje removió mi ser entero, volví a mi esencia, a lo que había sido de niña y de adolescente, una aventurera incansable con sed de mundo.

A partir de entonces todo cambió. Mi profesión pasó a un tercer, cuarto o quinto plano. Le di una oportunidad al volver a España. No funcionó. Después de haber probado la libertad del viaje no podía encerrarme en una oficina con horarios. ¡Qué revelador y difícil fue darme cuenta de que todo por lo que había luchado durante los últimos años ya no tenía sentido! Era el momento de reinventarme, aunque no tenía ni idea de por dónde empezar. Perdida y sin rumbo, pero segura en el paso, se cruzó en mi camino un proyecto que me entusiasmaba. Económicamente no me aportaba nada, si bien lo veía como el inicio a esta nueva vida que a los pocos meses nos llevó de nuevo a la India. Mas esta vez, ¡ay!, no volábamos solos: pocos días antes de partir nos enteramos de que dentro de mí una nueva vida se abría paso, Tao nos acompañaría a la India, Tailandia, Malasia e Indonesia.

Si alguna vez has estado embarazada, sabrás que los olores se sienten con mayor intensidad y que las náuseas son frecuentes durante los primeros meses. A mí no se me ocurrió otra cosa que transitar ese momento en la India, donde a cada paso puedes pasar de oler un agradable incienso al más repugnante hedor a caca. Recuerdo también el profundo sueño que me entraba después de ir a ver a un Gurú brasileño que me alegraba los días. No es que escuchara demasiado lo que decía, lo que me gustaba era la masa de fieles que lo acompañaban tocando bonitos cánticos con una mezcla de ritmos indios y brasileños. La calma que se respiraba en ese grupo, junto al olor a incienso y flores, me llenaban de paz.

Algunas tardes hacíamos talleres del proyecto con niños de un orfanato o jugábamos con Shanyi, nuestro vecino de cuatro años que vivía en una especie de tienda de campaña diminuta hecha con cartones junto a su abuelo, el cual padecía lepra. Traíamos a Shanyi a nuestra habitación para que se duchara con agua caliente y pintara o jugara un rato. Llegó hasta a quedarse dormido en nuestra cama, seguro, la más cómoda que había probado nunca.

Antes de irnos quisimos encontrar una escuela para él y nosotros pagaríamos sus estudios. Hablamos con varias pero todas nos decían que el abuelo de Shanyi nunca lo llevaría al colegio; conocían su caso, todas renunciaron. Fuimos entonces a hablar con su abuelo, quien nos contó que el niño se iría a Calcuta con sus padres donde seguiría sus estudios. Por supuesto, eso nunca sucedió; yo no entendía por qué rechazaba nuestra oferta. Estuve enfadada durante días, hasta que comprendí que no podemos juzgar a otras personas o culturas con nuestra mirada extranjera.

Tao seguía creciendo dentro de mí mientras el equipo del proyecto al completo nos fuimos a Tailandia. Allí nos esperaba una casa con aire acondicionado, una habitación con vistas a la piscina y un salón enorme donde hacer las reuniones. Entraba en el segundo trimestre de embarazo y me sentía eufórica, feliz y más conectada conmigo misma. Sentía que estaba en el lugar exacto en el que debía estar.

Convivíamos con un equipo multicultural de Alemania, Estados Unidos, Colombia e India. Entremezclábamos el trabajo con partidas de *volleyball* en la piscina, salíamos con las motos a comer *Pad Thai* y hacíamos fiestas de disfraces. El proyecto seguía sin dar dinero, pero Dani había conseguido la forma de trabajar produciendo las obras de un artista.

Todo fluía y los dos planeamos ir a Bali a dar a luz para emprender una nueva vida allí. Solo había una cosa que desequilibraba tanta armonía: las llamadas a mi familia. Mis padres (también mi hermano) estaban horrorizados con la idea de que su hija fuera a tener al bebé en Bali, quién sabe con qué garantías. Cada llamada caía en mí como un mazazo y mis miedos se hacían cada vez mayores. Antes del embarazo de Tao había perdido un bebé, por lo que la angustia de pensar que algo malo le sucediera a este me aterrorizaba.

Vivía una dualidad tremenda entre la plenitud que sentía estando en Asia y el miedo que me llegaba desde España. Empecé a dudar, a pensar que quizás tuvieran razón. Dani me decía:

—¿Tú qué sientes? —haciéndome regresar al momento presente que estábamos viviendo. Pero entonces llegó la llamada final, a mi padre lo acababan de ingresar en el hospital por un supuesto ataque al corazón y decidí que así yo no podía seguir. Nos compramos un billete de vuelta a Madrid con la idea de tener a Tao en España y regresar a Bali en cuanto fuera posible. Eso, en cambio, nunca sucedió; terminamos buscando nuestro hogar en diferentes lugares de España, donde nacieron también Dhara y Erik.

Seis años después recordaba aquella derrota mientras cruzábamos los cinco el Atlántico hacia nuestra nueva vida. Esta vez nada podía pararnos. Tao ya tenía seis años; Dhara, cuatro; Erik, uno; habíamos roto todos nuestros lazos materiales en Madrid y no nos quedaba otra opción que apostar fuerte por el futuro.

Yo lucía una sonrisa en la cara imposible de borrar y el corazón me latía con fuerza. Me movía inquieta en el asiento del avión intentando buscar la postura correcta: estiraba las piernas, las cruzaba, me ponía de un lado, del otro… incapaz de mantenerme quieta. Tal vez por eso Erik no se sentía cómodo entre mis brazos, yo no conseguía dormirlo. Él era todavía muy pequeño para entretenerse con las películas y videojuegos que ofrecía la aerolínea, lo único que necesitaba eran unos brazos tranquilos para dormirse. Algo que yo en esos momentos no podía darle, por lo que terminó cayendo con sumo placer en los de su padre.

Me emocioné al mirar a Dani con Erik en brazos y a su lado Tao y Dhara. Los ojos se me humedecieron entrándome unas ganas irresistibles de abrazarlos con fuerza y besarlos. Pero no lo hice, todos necesitábamos descansar, aunque mis continuos movimientos en el sillón me auguraban una noche en vela. No podía dejar de pensar en que estábamos los cinco juntos, sin nadie más, preparados para vivir unidos las aventuras que el viaje nos tuviera reservadas. Juntos tendríamos que planificar la ruta, ser la escuela de los niños y trabajar para conseguir financiarnos. Se me hizo un nudo en el estómago.

Hacía años que confiaba en Dani, en mí y en la idea de que cuando estás en tu camino, las cosas se van colocando en su lugar. Aunque no se hacen solas, hay que trabajar para conseguir aquello que quieres; y esta vez no confiaba lo suficiente en el plan de Dani para financiarnos.

Habíamos hecho lo más difícil: soltar nuestra vida en Madrid. Ahora, ¡ah!, tocaba construir una nueva. El trabajo fue el principal conflicto entre Dani y yo antes de salir. Yo no quería que vendiera la empresa; había trabajado lo impensable para levantarla y, ahora que las cosas iban bien, él decidía venderla y «a otra cosa mariposa».

Este había sido el *modus operandi* de Dani durante toda su vida: se desprendía de los trabajos para viajar y volver haciendo algo totalmente distinto. Pero esta vez no se trataba sólo de él y de mí, ahora teníamos tres niños pequeños que dependían de nosotros. Además, no vamos a engañarnos, ya no somos unos jovencitos a los que se les da trabajo con facilidad, ni nosotros aceptamos ya cualquier cosa. Sin embargo él tenía clarísimo que no quería marcharse con un lastre, quería mirar hacia adelante con nuevas ideas.

Los dos últimos años en Madrid Dani había descubierto que su gran pasión eran las cámaras, por lo que quería emprender un nuevo proyecto audiovisual conmigo. ¿El qué? Eso no estaba claro todavía. Nadie en nuestro entorno podía entender esta decisión, pero lo hicimos: vendimos la empresa y ese dinero nos permitió empezar el viaje con cierta tranquilidad económica. Pero la falta de plan me preocupaba:

¿qué haremos cuando el dinero se acabe? No tenemos un plan B, un lugar al que volver ni el alquiler de una casa en la playa. Solo me quedaba confiar y trabajar duro, pero ¿en qué exactamente? Empezaríamos dándonos a conocer en las redes sociales haciendo algo que nos gustaba a los dos; él con las cámaras, yo con los textos.

Ese era nuestro gran y único plan, aunque ninguno de los dos sabía nada acerca del mundo *online*. Yo debería convertirme en una experta en Instagram cuando no tenía ni cuenta. Tuve que llamar a una amiga para que me explicara qué era eso de los *hashtags*, etiquetas e historias. Dani por lo menos iba a hacer vídeos para YouTube, pues era lo que le gustaba; el que nos viera alguien más aparte de nuestras familias era ya otro cantar.

Si hay algo que me ha enseñado la vida es que no puedo esperar a tenerlo todo planificado a la perfección, porque, si no, nunca haces nada. Lo mismo ocurrió cuando me quedé embarazada de Tao; en ese momento los dos habíamos renunciado a nuestros trabajos y nos fuimos a Asia; aunque, como ya os he contado, terminamos volviendo.

Recuerdo que, cuando Tao tenía seis meses, decidimos dejar el pueblo de Cuenca donde había nacido para irnos a buscar suerte a los Pirineos. Aquella idea de vivir en un pueblecito de montaña nos encantaba. Nada más llegar compramos una tienda de juguetes de madera que se estaba traspasando y nos pusimos manos a la obra para que fuera todo un éxito. A los pocos meses de estar allí me quedé embarazada de Dhara y parecía que habíamos encontrado nuestro lugar en el mundo. Hasta hicimos lo que jamás se nos había pasado por la cabeza: buscar una casa que comprar. Pero aquello no duró mucho.

Una vida estable

A los nueve meses de pisar Pirineos, a Dani le ofrecieron un trabajo en Madrid que prometía generar bastante dinero, así que nos mudamos con la idea de ahorrar para volver a viajar. Esta vez las cosas no salieron como esperábamos. Dani trabajaba, aunque no al ritmo que le habían prometido. Por lo que decidió montárselo por su cuenta…, trabajando todavía mucho más. Entre tanto Dhara nació y me encontré en un piso de ciudad, con dos bebés y con el padre ausente levantando una empresa. Recuerdo aquel momento como la etapa más difícil de mi vida, sintiéndome muy frustrada e incapaz de llegar a todo.

La vida me pasaba por encima sin que yo pudiera hacer nada para controlarla. Las noches en vela por los despertares continuos de los niños, Dhara demandaba su toma de pecho y Tao su porción de cariño… Me dejaban agotada. Me despertaba como una zombi esperando a que llegara la hora de la siesta de los bebés para que yo pudiese descansar un poco. Pero ese momento nunca llegaba; cuando conseguía dormir a Tao, Dhara ya se estaba despertando; yo me sentía dentro de la rueda de hámster.

El momento de la mañana, cuando íbamos al parque, era el más placentero. El sol matutino calentaba nuestros rostros mientras yo disfrutaba jugando en la arena con mis pequeños, no quería que terminara nunca ese momento. No obstante, si estiraba demasiado la hora, se avecinaba una catástrofe. Llegaría a casa con los dos bebés muertos de hambre y, mientras le preparase la comida a Tao, Dhara empezaría a reclamar la suya. Los llantos de ambos se hacían insoportables, yo notaba como la sangre se iba calentando desde los pies a la cabeza mientras me convertía en una mujer pulpo con mil brazos para llegar a todo. Esos días me sentía muy sola. Esperaba con impaciencia a que llegara Dani para entregarle a los niños y así yo poder tomar una ducha tranquila sin que nadie me reclamase.

Otros días eran mejores y conseguía organizar el tiempo para que eso no sucediera. Me convertí en una mujer con dos bebés pegados a los que me llevaba a todas partes, desde el supermercado hasta un concierto en el centro de Madrid. No me importaba tomar varios autobuses y metro para hacer alguna actividad interesante con ellos o pasar un rato con mis amigas; ellas no tenían hijos en ese momento, por lo que me ayudaban mucho jugando con los míos. Eran días muy bonitos, si bien yo terminaba reventada y nunca conseguía descansar lo necesario; el cansancio se iba adueñando de mi cuerpo, mente y estado de ánimo.

Recuerdo un día en que Dani estaba en casa y me fui sola a comprar al supermercado. De repente sentí una euforia parecida a la que se siente cuando te estás preparando para ir al concierto de tu artista preferido. Tenía ganas de reír, gritar y correr. Entonces pensé:

—Dios mío, qué triste es mi vida: me emociono porque voy sola al supermercado. Aquel fue un momento revelador.

Después de un tiempo Dani consiguió organizarse con su socio para trabajar una semana sí, y otra no, de forma que podíamos salir los cuatro con la furgoneta a recorrer España. Habíamos encontrado un buen equilibrio entre tiempo y dinero, pero la idea de un gran viaje estaba ya muy dentro de mí. Fue cuando empecé a demandar salidas más largas. Recordaba la frase que todo el mundo nos decía cuando estábamos solos y viajábamos libres por el mundo:

—Aprovechad ahora, porque cuando nazcan los niños se os termina la buena vida.

Los niños llegaron; por un tiempo ese augurio pareció verdad, y los abuelos respiraron al fin tranquilos. Sin embargo, yo cada noche me preguntaba: ¿esto es todo?, ¿nuestra vida será así los próximos veinte o treinta años?, ¿veré pasar volando la infancia de mis hijos de viernes a domingo? Si es así, más vale que me vaya haciendo a la idea.

Pero el viaje llamaba con demasiada fuerza a la puerta preguntándome cuándo saldríamos de nuevo a jugar. Así que, cuando Tao tenía cuatro años, Dhara dos y Erik crecía dentro de mí, nos fuimos un mes a Marruecos con la furgoneta… más tres meses de mochileros al Sudeste Asiático.

Primeros viajes en familia

Dani ya era el segundo año que estaba haciendo el curso de documentales; era algo que le apasionaba. Parecía que había vuelto a despertar en él una de las tantas chispas que lo remueven, así que decidió llevarse las cámaras al viaje para hacer algo experimental. Les dejaba la cámara de acción *Gopro* a los niños para que grabaran lo que ellos quisieran, mientras en casa les hacía entrevistas abiertas sobre lo que habían visto esos días. De aquel experimento salió muchísimo material interesante que, aunque no logró concretarlo en nada, nos sirvió para conocer un poquito más a nuestros hijos, dándonos cuenta de aspectos interesantes de cada uno de ellos.

Dhara, con tan solo dos años, capturaba el entorno de una manera muy especial; le gustaba la cámara y se acercaba a la gente sin reparo alguno. Parecía que se sentía protegida detrás de la lente, su timidez desaparecía mientras grababa. Tao nos daba las sorpresas en las entrevistas haciendo unas reflexiones que nos dejaban con la boca abierta. Con él nos dimos cuenta de todo lo que puede llegar a aprender un niño en un viaje; ellos son capaces de ver y sentir cosas que nosotros, como adultos, ya no vemos ni sentimos, haciéndolo además sin ningún tipo de prejuicios.

Recuerdo un día que pasábamos en Sapa, en las montañas del Norte de Vietnam, y fuimos a visitar los pueblecitos de alrededor subidos en una moto; sí, en una sola, los cuatro y mi creciente barriga. El suave viento acariciándonos la cara, los cuerpecitos de los niños entre la espalda de Dani y mis brazos, la velocidad adaptada a su ritmo, las caras de felicidad compartida en familia. De repente Tao vio a unos niños jugando en unos campos de arroz todavía sin cultivar; estaban saltando sobre un gran palo de bambú, se veía divertido:

—¡Mamá!, quiero ir a jugar con esos niños. Aparcamos la moto y bajamos junto a ellos, donde, además, había unas cuatro casas hechas con adobe.

Sin importar el idioma en el que hablaban, Tao y Dhara empezaron a jugar con aquellos niños que los miraban con cierta curiosidad. Las niñas de nueve o diez años querían coger a Dhara en brazos y le acariciaban la cara y el pelo con mucho cariño; su pelo rubio y ondulado las fascinaba. Los de cuatro, cinco y seis se divertían saltando con Tao en el bambú, sin prestar atención a su fisionomía. Enseguida cogieron confianza jugando con palos a perseguirse unos a otros, subiéndose a árboles o a lo que encontraran.

Mientras tanto, a nosotros nos invitaron a entrar en una casa donde le ofrecieron a Dani un licor hecho de arroz, todo sin entender una palabra de lo que decíamos. Hay, en cambio, un idioma común para todos: las sonrisas y los gestos, que te conectan con el resto de las personas y te permiten vivir la experiencia en plenitud. Hacía tiempo que habíamos aprendido que una buena sonrisa puede abrirte cualquier puerta del mundo; por suerte para mí, sonreír es algo que nunca me ha costado. Pero si hay un idioma universal, ese es el juego, los niños disfrutaban y se reían de lo lindo.

El momento cumbre para Tao y Dhara fue cuando, entre todos, hicieron una hoguera con palos de diferentes tamaños que fueron apilando en el suelo. Hermoso instante de conexión con la naturaleza y el juego común, donde cada uno colocaba sus palos para preparar la hoguera. Nosotros nos quedamos sorprendidos por cómo los más pequeños sabían manejarse con el fuego, dejando al descubierto la diferencia cultural entre ellos y los nuestros. En Europa tenemos a los niños sobreprotegidos; era la primera vez que Tao se sentía tan libre; podía apreciarse en sus ojos la emoción.

A nosotros se nos ensanchaba el corazón al ver a nuestros hijos jugar con esos pequeños de vida tan distinta. Ese momento de libertad, conexión y autenticidad nos hizo ver con claridad que queríamos seguir ofreciéndoles este tipo de experiencias durante su infancia. Y regalarnos a nosotros mismos la alegría de verles crecer en libertad.

Hubo más ocasiones en Vietnam donde pudimos entrar en el hogar de otras personas y compartir un almuerzo o una cena gracias a los niños. Notamos que se nos abrían puertas y corazones por el mero hecho de viajar con nuestros hijos; de alguna manera, aquellas personas agradecían que confiásemos lo suficiente en su cultura como para llevar a nuestros hijos hasta allí. Fue ahí donde aprendimos que viajar con niños te pone más en contacto con las personas del lugar, con su cultura.

La experiencia de esos tres meses en el Sudeste Asiático fue reveladora. ¿Qué estábamos haciendo con nuestras vidas? Recorrer el mundo junto a nuestros hijos, de la mano, era todo lo que necesitábamos. Sin embargo, aún no sabíamos cómo podíamos hacerlo; un bebé estaba en camino y teníamos una empresa en Madrid que sustentaba a la familia. El engranaje de la máquina empezó a funcionar incluso cuando nosotros dormíamos.

En el viaje a Marruecos de ese mismo año aprendimos que, si queríamos viajar para largo, necesitábamos una casa; en este caso, una casa con ruedas. Marruecos lo recorrimos con nuestra furgoneta; así que todo resultó más fácil que en el Sudeste Asiático, adonde habíamos ido de mochileros.

En Marruecos nuestro hogar se movía de un sitio a otro. Eso significaba que los niños podían llevar sus juguetes, sus pinturas…; podíamos prepararles el desayuno, una leche antes de acostarse…; dormir siempre en la misma cama... A los niños les daba seguridad; a nosotros, tranquilidad.

El sueño

Cuatro meses después de volver de Asia, con el viaje aún muy presente, Erik nació y pasamos un bonito verano con toda la familia. Mas septiembre devolvería a Tao y a Dhara al colegio; a nosotros, a nuestra rutina en Madrid. Los días pasaban monótonos como a la mayoría de nuestros vecinos: Dani trabajando, yo cuidando a Erik y recogiendo a los niños en el cole para disfrutar con ellos unas pocas horas antes de que se fueran a dormir. Así, una semana tras otra, veía pasar la infancia de mis hijos delante de mis narices. Yo sabía que quería ofrecerles una niñez distinta a mis hijos, con mayor libertad y en contacto con la naturaleza. Pero, ¿cómo hacerlo?

Día y noche pensaba sin éxito la manera de cambiar el rumbo de nuestra vida. Buscaba posibles formas de financiación o incluso una casa de campo a las afueras de la ciudad. Hasta que, un día, Dani se despertó con las ideas muy claras. Se acercó con ímpetu hacia mí y me soltó a bocajarro:

—No he dormido nada, me he pasado toda la noche pensando; ya tengo claro cómo vamos a hacer para poder viajar.

—¿En serio? Cuenta, cuenta —respondía yo emocionada.

—Voy a vender la empresa y montaremos una productora audiovisual tú y yo.

—¿Que qué? ¿Cómo se te ocurre vender la empresa? ¡Para montar una productora! No tienes ni idea de cómo es el mundo de las productoras, es un mercado muy saturado, hay gente muy preparada... Además, la empresa va súper bien, solo tienes que pedirle un año o dos de excedencia a tu socio y ya está, luego puede irse él y te quedas tú —contesté elevando el tono de voz. Todavía me estaba despertando y aquello me cayó como un jarro de agua fría.

—No se puede manejar una empresa desde el extranjero —continuaba él con serenidad.

—No tienes que hacerlo, para eso está tu socio, la empresa funciona sola. ¿Ya te has olvidado de todas las noches que tuviste que salir a trabajar? ¿Que tenías que dejarme pendiente del teléfono cuando te ibas a bañar al mar estando de vacaciones? Has trabajado muchísimo y ahora todo funciona muy bien, cada vez mejor. No quiero que vendas la empresa —le increpaba yo intentando hacerlo entrar en razón. Aunque sabía que esa era una batalla perdida; conozco a Dani demasiado bien: cuando se le mete algo en la cabeza, es imposible sacárselo.

—Tú no lo entiendes. Yo, si me voy, quiero estar tranquilo y no tener la mente puesta en España. He descubierto que mi pasión son las cámaras y eso es lo que quiero hacer. Tú eres publicista, te encanta la comunicación, somos el equipo perfecto —zanjaba Dani la conversación.

Quería contestarle, pero se me atragantaban las palabras sin ser capaces de salir de mi boca. No podía pensar con claridad, mis argumentos se mezclaban con sus palabras, mientras todo aquello me parecía una locura que necesitaba tiempo para digerir. Yo llevaba meses demandando un viaje largo de un par de años; pero, ni loca, vender la empresa que con tanto esfuerzo había levantado. Además, nunca habíamos tenido esa seguridad económica y me daba miedo dejarla.

Aunque en el fondo de mi ser, yo sabía que él tenía razón. Una vez que estuviéramos ahí fuera, no querríamos mirar atrás.

RumRum

Con el dinero de la empresa en el bolsillo y una idea para financiarnos en pañales, aterrizábamos en Buenos Aires, donde no noté el choque cultural que sentía en otros viajes; de hecho, me sentí bastante en casa. El contraste más grande era la ropa de verano de la gente y nuestros abrigos de invierno que no sabíamos dónde meterlos.

Las emociones estaban alborotadas, como los niños que no dejaban de hacernos preguntas e idear planes imposibles. Sin embargo, sentía una calma profunda al saber que estábamos en el lugar exacto donde queríamos estar.

Tenía muchas ganas de conocer esa ciudad vibrante; no obstante, el viaje empezaba a tomar vida propia, obligándonos a marcharnos corriendo a Montevideo, Uruguay. Empezábamos cruzando la frontera de dos países en menos de 24 horas y eso no lo habíamos planeado. Primer mensaje que nos lanzaba el viaje:

—No planeéis nada, ya me encargo yo de hacerlo.

Cuando compramos los billetes a Buenos Aires, nos dejamos unos diez días para conocer la ciudad y viajar tranquilos a Montevideo, donde recogeríamos nuestro camión que llegaba desde Europa. Los barcos mercantes suelen retrasarse, al nuestro, en cambio, le dio por llegar con antelación: el camión estaba en puerto antes que nosotros.

El vehículo que debe llevarnos a recorrer los cinco continentes es un Mitsubishi Fuso Canter del que yo todavía no me había enamorado. Durante los preparativos siempre pensé —y lo defendí por un tiempo—, que sería más cómodo tener una autocaravana normal, porque el espacio de la vivienda es mucho mayor y ganaríamos en confort. Dani, en cambio, buscaba un vehículo más aventurero, capaz de rodar sobre cualquier terreno.

Mientas yo me había pasado las noches buscando cómodas autocaravanas, Dani se volvía loco con los camiones; la mayoría de ellos muy lejos de nuestro presupuesto. En su búsqueda había encontrado el Canter casi al principio.

Le encantaba, pero estaba preparado para dos personas; yo no veía cómo íbamos a dormir ahí los cinco. Él se lo miraba y se lo remiraba. Buscaba en páginas de segunda mano de toda Europa, pero siempre acababa en este camioncito que tenía a su favor estar en España. Cada noche nos íbamos a dormir con la misma conversación:

—Dani, que no entramos ahí los cinco, ¿dónde vamos a dormir? Solo tiene una cama doble y una pequeña —le decía yo mientras mirábamos las fotos del camión.

—Tiene que haber alguna manera. Fíjate en que hay mucho espacio perdido, ya que tiene recinto para un *Quad*. Eso a nosotros no nos hace falta —decía él sin quitar la vista de la pantalla.

—Bueno, también vamos a necesitar espacio de almacenaje. Las autocaravanas tienen un lugar para guardar sillas, mesas, bicis…, un montón de cosas que vamos a usar y que ahí no caben. Además, ese camión está hecho para una pareja, ni siquiera entramos todos juntos en el salón. Yo no lo veo.

—Pero es que me encanta este camioncito, tiene mucha personalidad; cada vez que abro las páginas de vehículos de segunda mano me aparece él, como llamándome. Ten en cuenta, además, una cosa: para nuestro proyecto necesitamos un vehículo especial, no podemos ir con una autocaravana convencional que lleva todo el mundo. La imagen es fundamental y este camión lo recuerda cualquiera que lo vea.

—En eso me has ganado. Mira, si encuentras la manera de que salgan camas para todos y te lo dejan al mismo precio que nos dan por la venta de la furgoneta, acepto tu camioncito —zanjaba yo una conversación que sabía que no llevaba a ningún sitio.

Dani comenzó a pensar mil maneras para encontrar camas para todos en un espacio de 4x2 que estaba diseñado para una pareja. Y lo consiguió, vaya si lo hizo. Quitaría la madera que separaba el habitáculo del parking y usaría ese espacio para hacer un sofá que se convertiría en cama doble por las noches. Así mataba dos pájaros de un tiro: conseguía un nuevo espacio en el que convivir, más una cama matrimonial. Había logrado solucionar el primer problema que le planteaba. Ahora quedaba el segundo: conseguir bajar el precio. Le bastó una sola llamada y su carácter decidido para ir a buscarlo a Gerona la semana siguiente. El vendedor aceptó su oferta y yo no tuve nada más que decir.

—Marta, ya estoy llegando, ven con los niños a buscarme al parque; quiero grabar vuestras caras cuando lo veáis por primera vez —me dijo por teléfono mientras se acercaba con el camión a Madrid.

Arreglé a los niños y salimos ilusionados a buscar al nuevo miembro de la familia. La boca se nos abrió a todos al ver lo grande que era. Tao y Dhara saltaban de alegría, no parábamos de hablar todos a la vez… Cada uno tenía sus preguntas; aunque, sobre todo, estábamos ansiosos por entrar, por ver la casa. La primera impresión fue buena, me pareció hasta más grande de lo que me había imaginado, en especial si lo comparaba con nuestra furgoneta: ¡aquello era un palacio! Los niños seguían saltando de felicidad, abrían las puertas de los armarios, se subían a la única cama que había… y hablaban, hablaban, hablaban sin cesar:

—Papá, ¿para qué sirve esto?

—Papá, ¿cuál es mi cama?

—Papá, ¿y la cocina?…. —repetían uno tras otro mientras se movían escurridizos por todo el camión.

—Bueno, niños, lo primero que tenemos que hacer es ponerle un nombre —dijo Dani cortando de pronto todas las preguntas. —El antiguo dueño lo llamaba RumRum, ¿qué os parece?, ¿queréis mantenerlo o le buscamos otro nombre?

—¡Sí, RumRum, nos gusta RumRum! ¡Viva! —gritaron los niños a la vez.

Desde ese momento el camión pasó a ser RumRum, nombre que hasta el bebé Erik podía pronunciar.

Al fin en casa (con ruedas)

Cuando llegamos a Buenos Aires, teníamos el tiempo justo para dormir unas horas, ya que al día siguiente debíamos cruzar el Río de la Plata en ferry, tomar un bus para llegar a Montevideo y empezar a hacer las gestiones portuarias esa misma tarde. Los niños iban como zombis sin apenas haber descansado. Suerte que los argentinos y uruguayos nos pusieron las cosas fáciles regalándonos sonrisas y buenas indicaciones. Todavía traíamos el ritmo acelerado de Madrid, por lo que éramos rápidos en las gestiones.

Esa segunda noche tampoco dormimos demasiado porque teníamos que madrugar para sacar a RumRum del puerto esa misma mañana, si no queríamos que nos cobraran una altísima tasa de depósito todo el fin de semana. Hicimos los primeros papeles en la oficina de migración para después dividirnos. Yo me fui al hotel con los niños; Dani, al puerto con todas las especificaciones y documentos que le pedían. El tiempo pasaba; yo no sabía que en aduanas le estaban poniendo las cosas difíciles. Le mandaban de un sitio a otro; empezó a desesperarse porque las oficinas cerraban a las dos y nadie parecía querer ayudarle. Hasta que, de repente, un señor mayor se apiadó de él. Le puso el sello que necesitaba para sacar a RumRum del puerto y me llamó exaltado:

—¡Lo tengo! ¡Ya podéis venir!

Los niños y yo nos habíamos acercado hasta una cafetería frente al puerto esperando esa llamada. Yo ya no sabía qué hacer para entretener a los pequeños, los cuales empezaban a incomodarse. Así que, en cuanto escuché las palabras de Dani, cogí a los niños y salí casi sin despedirme.

Recibimos a RumRum dando saltos de alegría como cuando lo vimos por primera vez. Ahora me invadía también una sensación de victoria por haber logrado reunir a todo el equipo y empezar la nueva vida que habíamos elegido. Todo lo transcurrido hasta entonces pertenecía a los preparativos, a la burocracia, a trámites que debíamos pasar para conseguir nuestro propósito. En este momento ya estábamos todos, empezaba nuestra vida nómada.

Subimos uno a uno al camión y la euforia se palpaba en el ambiente. Los niños gritaban, cantaban, hacían preguntas, al tiempo que Dani y yo intentábamos encontrar una gasolinera más una planta de gas entre las calles de Montevideo. Estábamos ansiosos por salir de la ciudad, si bien antes teníamos que hacer esas dos gestiones fundamentales. Entre risas de alegría y gritos de estrés conseguimos nuestros dos objetivos. Yo me sentía cómoda en mi papel de copiloto buscando y encontrando lo que necesitábamos. A continuación pusimos rumbo a la primera playa que localicé en el mapa: Atlántida. Necesitábamos un lugar donde poder descansar, al fin.

Llegamos a Atlántida, un pueblo costero donde pudimos aparcar frente al mar. ¡Qué maravilla! Habíamos dejado un país en invierno y ahora estábamos en verano, sacando los bañadores de las mochilas, con unas ganas inmensas de disfrutar nuestra nueva libertad. Pero teníamos muchas cosas que hacer para convertir aquel espacio de ocho metros cuadrados en nuestro hogar. Aunque el camión ya contaba con los utensilios típicos de una casa, aún quedaba mucho por instalar y colocar. Deshicimos las maletas, pusimos nuestra ropa en los pequeños armarios. Guardamos el material audiovisual que habíamos llevado como equipaje de mano en el avión y sacamos los libros de texto de los niños. Aquello removió algo en mi interior; ahora que yo iba a ser la maestra, tenía que organizarme. En ese momento aún no sabía que ser profesora de mis hijos iba a ser el mayor reto que el viaje tenía preparado para mí.

Como padres, la educación integral de nuestros hijos es lo más importante. Cuando estás en la sociedad, digamos, de forma simplificada, que esa educación se divide en dos. Por un lado está la parte académica de la que se encarga el colegio; por otro, la educación de la persona, que es trabajo de los padres. En nuestro caso esa división iba a desaparecer y tendríamos que encargarnos de educar a nuestros hijos en todos los sentidos: académica, emocional y espiritualmente. Así que cuando nos planteamos llevar este tipo de vida nómada, lo primero que nos preguntamos fue cómo íbamos a hacer con el colegio de los niños. Dediqué un tiempo a investigar las alternativas y descubrí que había un programa de educación a distancia del Ministerio de Educación de España (CIDEAD) y respiré tranquila. ¡Ya está! Los niños seguirán la educación reglada, con nosotros como profesores. En ese momento no escuché las voces de otras familias viajeras ni de algunos profesores que me decían que ese tipo de educación no tenía sentido en la vida que íbamos a llevar, una vida llena de experiencias en la que los niños aprenderían casi sin darse cuenta. Para mí, el CIDEAD significaba seguridad; en esos momentos era todo lo que necesitaba. Ya me daría de bruces contra la realidad más adelante.

Siempre he admirado el trabajo de los profesores; yo no me veía capacitada para ser la maestra de mis hijos. La primera persona que me animó fue la que había sido profesora de Tao, una mujer experimentada y madre de cuatro hijos. Sus palabras habían sido algo así como:

—Tao es una esponja, absorberá todo lo que vea y experimente, que será mucho más de lo que vería y experimentaría en el colegio. Y tú estás cualificada para enseñarles todo lo que tienen que aprender.

Yo, en cambio, ¡hum!, seguía con mis dudas.

2

Acoplándonos a una nueva vida

Empezamos el viaje como quien se va de vacaciones un mes a la playa. Los niños estaban desbocados; los padres, desquiciados. Disfrutábamos de nuestra libertad pero discutíamos demasiado. Algo no iba bien.

Pasar de una vida rutinaria a la libertad les dio a los niños alas para volar tan alto que costaba bajarlos a la tierra. Unido a mi histeria por intentar mantener el espacio ordenado, más la necesidad de Dani de tener tiempo propio (¡ja, qué iluso!) conducía todo ello a discusiones diarias. Convivir las veinticuatro horas del día con dos niños pequeños y un bebé en un espacio de 4x2 metros no era fácil. Y a esa locura había que acostumbrarse. El primer mes fue una mezcla entre ilusión y frustración.

Nunca se me olvidará la cara de emoción de Erik cuando se encontró con las olas por primera vez. Había conocido el mar el verano anterior; sin embargo, era en este momento, con año y medio, cuando de verdad se daba cuenta de la magnitud de lo que tenía delante. Su cara de fascinación caminando hacia las olas, sin miedo, sintiendo el agua en sus piernas, me estaba diciendo:

—Mamá, habéis hecho lo correcto.

Durante el tiempo en Madrid mi corazón sufría porque consideraba que no les estaba dando a mis hijos la oportunidad de experimentar el mundo. Los parques del barrio se me hacían pequeños, la falta de estímulos naturales me causaba mucha frustración.

Cuando Erik notó el agua en sus piececitos empezó a reírse, mientras se adentraba en aquella masa de agua para experimentar más. Tocaba la espuma de las olas y quedaba fascinado a cada paso que daba soltando grititos de alegría. Yo podía sentir su emoción por tan inmenso descubrimiento. En ese momento fui consciente de que, a partir de entonces, iba a darle a mis hijos la libertad para descubrir el mundo por ellos mismos. Una amplia sonrisa se dibujó en mi cara al tiempo que le daba la mano para que no siguiera adentrándose en las olas. Así caminarían Tao, Dhara y Erik a partir de ahora: libres, pero con nuestra mano cerca para cuando la necesitaran.

A los dos días de llegar a Atlántida me fui con los niños a pasear por la playa, mientras Dani seguía montando cosas en el camión. De repente una niña se acercó a Tao y a Dhara, y les dijo:

—¡Hola! ¿Cómo os llamáis? Yo soy Matilda.

La niña estaba jugando con su padre en la arena mientras la madre los observaba tomando mate. Mis hijos se unieron al juego, como era de esperar, y la madre me invitó a sentarme junto a ella. Nos pusimos a platicar. Enseguida hubo sintonía entre las dos; no dejábamos de hablar, mientras los niños jugaban con su nueva amiga; Erik iba y venía entre los dos grupos. Después de un buen rato nos intercambiamos los números de teléfono y nos despedimos. Volví al camión contentísima por haber conocido a las primeras personas del viaje, con quienes habíamos quedado en vernos al día siguiente.

Todo el mundo que nos veía nos trataba con muchísimo cariño y empezamos a entender que esa sería la dinámica de Hispanoamérica. Recuerdo que una mujer de 85 años se paró a hablar conmigo cuando vio el camión aparcado frente a su casa. Yo le conté nuestra historia, medio temerosa de su reacción, cuando de repente ella me devolvió una gran sonrisa deseándonos que Dios nos acompañara en nuestro recorrido. En Uruguay estuvimos poco tiempo, mas su papel en este viaje es fundamental por ser el primer país que nos dio la mejor de las bienvenidas.

Al día siguiente sonó el teléfono, era el papá de Matilda que llamaba con el fin de ir a un parque de bolas para que jugaran los niños. Esta vez Dani nos acompañó. Fue bonito ver como se daban un beso los dos papás al presentarse, ya que en España los hombres se dan la mano cuando no se conocen; ese simple gesto nos estaba diciendo que vendrían muchos más besos y abrazos en este continente. Yo me fijo en los detalles, en ellos está escondida la esencia de algo mayor.

Pasado un rato en el parque de bolas, Alejandro nos invitó a la casa donde estaba la mamá, Roxana; desde ese momento pasamos el resto de la semana con ellos. Venían a jugar cada día a la playa y hasta nos invitaron a comer a casa de los abuelos. El último día les preparamos una paella como agradecimiento por habernos dado tanto cariño. Puede que ellos no lo sepan, pero esa confianza que depositaron en nosotros, esa amistad íntima en tan poco tiempo, nada más empezar el viaje, para nosotros significó muchísimo.

Dentro del camión vivíamos nuestra pequeña batalla campal. Cada mañana se caía una leche con cereales al suelo, los niños se peleaban por cualquier cosa y nosotros nos dábamos golpes con los muebles porque aún no teníamos tomada la medida del reducido espacio en que vivíamos. Estábamos medio enfadados, así que el tiempo que pasábamos jugando y charlando con nuestros nuevos amigos nos daba el mensaje positivo que necesitábamos: el exterior estaba bien, solo teníamos que trabajar dentro del núcleo familiar para que todo fluyera. Sin embargo, aún tardaríamos un tiempo en conseguirlo.

A la primera conclusión a la que llegamos fue que debíamos guardar una rutina dentro de nuestra vida sin rutina; sobre todo, volver a tener un horario de sueño y comidas para los niños. Aunque tuviéramos un día largo de carretera, había que pensar dónde pararíamos a comer a la hora establecida y llegar a destino antes de las 17:00 h, para que los niños tuvieran tiempo de correr y jugar antes de cenar e irse a la cama. Lo mismo cuando hacíamos alguna excursión para subir una montaña, ver pingüinos o pasar el día en la playa. Las horas de comida y sueño tenían que respetarse. De esta forma nuestros biorritmos estaban alineados, todos sabíamos lo que tocaba en cada momento y nosotros podíamos trabajar por las noches.

Recuerdo el día en el que los niños dormían, Dani y yo nos encontrábamos sentados en la sala con los ordenadores de por medio. Entonces nuestras miradas se cruzaron, y sin pronunciar palabra alguna nos dijimos:

—Lo hemos conseguido.

Empezamos a rodar

Pasamos las primeras Navidades fuera de casa y, aunque las vivimos con amigos, no se sintieron para nada Navidades. Acostumbrados a pasar estas fechas con frío y pegados a una chimenea, vivirlas con bañador nos llevaba a otra época del año. Menos mal que tenemos niños pequeños y para ellos la magia no entiende de clima, su mayor preocupación era saber cómo iban Papá Noel y Los Reyes Magos a encontrarlos en un camión en continuo movimiento. Entre todos decidimos hacer unos dibujos y escribir en la puerta del camión «Aquí viven Tao, Dhara y Erik». Así no podrían perderse.

El 1 de enero de 2019 dejamos el camping donde habíamos pasado unas bonitas pero extrañas Navidades y pusimos rumbo a Ushuaia junto a otra familia que viajaba en autocaravana. A los pocos kilómetros de empezar la ruta escuchamos una fuerte explosión, al tiempo que Dani perdía el control del camión, el cual terminó cruzando al carril contrario y saliéndose de la carretera. Por suerte en ese lugar había un amplio espacio de hierba y todo quedó en un susto. ¿Qué había pasado? Estábamos desorientados. Había explotado la rueda delantera izquierda, lo que había hecho que perdiéramos el control del vehículo. Nuestros amigos vieron cómo nos salíamos de la carretera por los retrovisores y en seguida dieron la vuelta para ayudarnos.

—¡Menos mal que estaban ellos allí!

Los niños se subieron a la autocaravana con sus hijos mientras los adultos mirábamos los desperfectos pensando cómo podíamos arreglarlos. La rueda explotada había provocado que se rompiera el guardabarros y había doblado un hierro que impedía poner la de repuesto. Tranquilos, a pesar del susto enorme, porque vamos bien preparados (Dani se había traído casi todas sus herramientas de España), sacaron la pieza y, a golpetazos con una piedra, consiguieron enderezar el hierro. Ya solo faltaba poner la rueda y estábamos listos para continuar. ¡Buen trabajo!

Seguimos nuestra ruta hacia el sur rodando con nuestros amigos. El ritmo que llevábamos era frenético, hacíamos días de seis u ocho horas de carretera que nos hacían vivir esos días de ruta con intensidad. El bebé Erik lloraba, los hermanos mayores discutían y los padres enloquecíamos. Llegábamos al destino tras una larga jornada y aún había que comprar comida, cargar gas, agua y buscar un lugar donde estacionarse para dormir. Por suerte, casi siempre encontrábamos alguna playa desierta donde descargar tensiones. Al final del día los niños se habían ganado una película; los padres, un ratito de paz.

Otros días hacíamos menos horas de carretera; aprovechábamos para ver pingüinos, leones marinos y otras bellezas que ofrece la ruta 3 de Argentina. Fue ahí donde empezó a surgir el interés de Tao hacia los animales. A él siempre le había gustado jugar con figuras de animales en la casa de Madrid, pero una cosa eran sus muñecos y otra muy distinta verlos en la realidad. Estaba fascinado. Nos hacía millones de preguntas a las que no siempre teníamos respuesta, estábamos descubriendo animales juntos. Un día íbamos conduciendo por una de esas rectas interminables donde el paisaje es el mismo kilómetro tras kilómetro, cuando de repente…

—¿Qué es eso? —grita Tao señalando algo que se mueve a lo lejos.

—Son guanacos —contesta Dani.

—Guana ¿qué? —yo nunca había oído hablar de esos animales, y mucho menos los había visto. Para mí eran una mezcla entre una llama y un canguro a cuatro patas.

—¡Papá, papá, da la vuelta! —gritaba Tao desde el asiento de atrás mientras se removía nervioso mirando por la ventana.

Dimos la vuelta para observar esos nuevos animales y nos quedamos un rato para que los niños los disfrutaran. Es gracioso porque después de esa primera vez estuvimos viendo guanacos cada día durante un par de meses y terminamos por no hacerles ni caso.

Seguíamos bajando hacia el pueblo más austral del continente americano y, a medida que lo hacíamos, el viento iba en aumento. La piel se curte en la Patagonia. Dani desesperaba porque no podía sacar a volar el juguetito que su socio y amigo le había regalado antes de marchar. El dron es una gran herramienta si vas a documentar un viaje, aunque el intenso viento de la Patagonia se lo impedía. Un día decidió sacarlo.

—Marta, ponte al volante que voy a volar el dron.

—El viento es muy fuerte, ¿no se lo llevará?

—Vamos a intentarlo.

Me puse al volante, metí primera, segunda, avancé poco a poco por la carretera de tierra que transitábamos solos. Dani levantó el dron y a los pocos segundos gritó:

—¡Marcha atrás!, ¡marcha atrás! ¡Vete marcha atrás, que lo pierdo!

—¿Qué?, ¡te lo dije! —gritaba yo mientras metía la reversa.

—Más rápido, que no lo veo —me decía Dani poniéndome aún más nerviosa, mientras conducía marcha atrás por una carretera de tierra. —Lo he levantado y se lo ha llevado el viento… ¡Para! ¡Ahí está!

Se bajó corriendo del camión y consiguió recuperarlo, lo guardó y no volvió a sacarlo hasta meses después.

47

Pero el viento de la Patagonia no solo se llevaba drones. Un día nos despertamos en una preciosa playa donde habíamos llegado la tarde anterior con nuestros amigos. Lo primero que quiso hacer Tao fue abrir la puerta para saludarles. Cuando movió la manivela, una fortísima ráfaga de viento abrió de golpe la puerta llevándose a Tao con ella. Yo vi cómo mi hijo salía literalmente volando por los aires y aterrizaba con el rostro en la mesa que estaba plegada en el suelo. Por suerte el resto era arena y sólo se hizo un raspón en la cara. Eso sí, se llevó el susto de su vida; y yo también. Menos mal que ese día íbamos a ver pingüinos, lo que hizo que saliera una amplia sonrisa en su carita magullada.

Rumbo a Ushuaia

La carretera que va por la costa desde Camarones hasta la reserva Cabo dos Bahías es espectacular: guanacos, ñandúes y flamencos dan vida a playas desérticas de agua transparente. Eso sí, la carretera transcurre por kilómetros de tierra (ripio) hasta llegar a la pingüinera. Mientras transitábamos, íbamos pensando en cuál de esas preciosas playas y calas nos quedaríamos a pasar la noche, algo que en España es impensable hoy en día con todas las restricciones que hay para las *camper* o autocaravanas. Para los europeos, América siempre ha sido sinónimo de libertad y así es como nos sentíamos: libres para decidir dónde queríamos pasar la noche, lo que nos llevaba a dormir en lugares remotos y privilegiados. Nuestra casa con ruedas se convertía en hotel de 5 estrellas con vistas al mar, al lago o la montaña. Otras veces, perdíamos todo el glamour durmiendo en grasientas gasolineras.

Llegamos a la reserva Cabo dos Bahías al atardecer para poder ver a los pingüinos regresar de un día de pesca. Los nidos estaban llenos. Una pasarela de madera los cruzaba hasta llegar a la playa sin molestarlos. Es muy importante no tocar a los pingüinos (además de, por supuesto, no darles de comer). Algo que a Erik no parecía importarle, lo cual me obligaba a tener que ir detrás de él como loca para que no estirara la mano y cogiera a un pingüino por el pescuezo. Por suerte Tao y Dhara ya comprendían las indicaciones y los observaban fascinados desde la tarima; eso sí, corriendo de un lado a otro para intentar verlos a todos. Con Erik en brazos conseguimos llegar hasta una playa donde un enorme grupo de pingüinos iban saliendo del mar para caminar poco a poco hacia sus nidos. El espectáculo era propio de documental de la National Geographic, con la luz del atardecer acompañando a estos hermosos y divertidos seres. Los niños no tardaron en imitar sus andares, hasta que Tao vio algo moverse en una pequeña isla:

—¿Qué es eso que se mueve allí? —dijo señalando las rocas.

—Son leones marinos —contesté.

Los ojos de Tao se abrían mientras admiraba aquellos sorprendentes animales. Nos hacía mil preguntas, así que pensamos que lo mejor sería visitar un centro de protección donde nos dieran toda la información que Tao necesitaba. Siguiendo la ruta hacia Ushuaia encontramos casi de casualidad la Fundación Cadace; habíamos visto unos leones marinos en la playa, y aparcado para observarlos. La fundación Cadace se encarga de vigilarlos o, más bien, vigilar a las personas para que estas no los molesten ni les hagan daño; nos explican que en el pasado muchas actuaciones humanas habían dañado con dureza a las crías de estos animales, los cuales van a esa playa a reproducirse. Entre explicaciones, yo me dedicaba a ver la cara de interés de Tao por todo lo que le estaban contando. Él preguntaba y, con amabilidad, le iban contestando todas sus dudas.

Cuando volvimos a subirnos al camión, Tao nos soltó:

—Yo de mayor quiero observar y grabar a los animales.

—¿Quieres ser fotógrafo o camarógrafo especializado en animales? —le preguntamos.

—No, yo lo que quiero es conocerlos, observarlos, saber su comportamiento y por qué lo hacen.

—¡Ajá! Tú lo que quieres es ser biólogo.

—¿Los biólogos están cerca de los animales? —siguió preguntando.

—Sí, ellos son los que los observan, los estudian para conocer sus comportamientos. Los biólogos son los que más saben de animales —le explicamos con una amplia sonrisa.

—Entonces, sí, de mayor quiero ser biólogo.

Con seis años, Tao acababa de descubrir lo que quería ser de mayor. En este primer momento no le dimos mayor importancia; de niño, casi todos quieren ser astronauta; después, pocos lo son. Sin embargo, hoy (tres años después de aquello) puedo afirmar que la curiosidad de Tao hacia los animales no ha dejado de crecer. Y la razón no está detrás de los documentales de National Geographic, sino de la cantidad de experiencias cercanas que ha tenido con muchas especies de animales durante el viaje.

Entre tanto aprendizaje vivencial yo insistía en hacer una hora de cole cada día, pero me costaba horrores sentar a los niños delante de los libros. Una parte de mí decía:

—No hace falta, están aprendiendo muchísimo más en el viaje.

Y otra contestaba:

—También tienen que adquirir conceptos que están en los libros para que en un futuro puedan reinsertarse en la sociedad sin muchas dificultades.

Esta dualidad de pensamientos me acompañará a lo largo del viaje y se hará aún mayor a medida que los niños vayan creciendo.

En ese momento Erik todavía era un bebé de un año e iba a su aire. Dhara tenía cuatro años y no hacía otra cosa más que dibujar y garabatear su nombre. Tao, en cambio, ya había empezado primero de primaria. Como teníamos sus libros del colegio de España, pues había estado escolarizado los tres meses iniciales, ese primer año decidimos terminar el curso practicando *homeschooling* por nuestra cuenta, si bien decididos a que siguiera el CIDEAD al año siguiente.

Pero a Tao ningún momento le parecía bueno para sentarse delante de unos libros que hablaban en abstracto sobre cosas que él estaba viviendo. Por ejemplo:

—En este paisaje de la foto, ¿qué cosas están hechas por el hombre y cuáles son Naturaleza? —podía leerse en su libro de ciencias naturales.

—¿De verdad? ¡Qué aburrimiento! —replicaba Tao.

Yo no podía más que darle la razón. Así que comprobé los libros de texto y decidí que solo trabajaríamos con los de Lengua y Matemáticas; el resto lo iríamos viendo en el transcurso del viaje.

Mientras observaba la vida llena de experiencias que mis hijos estaban teniendo, me parecía absurdo aburrirles con unos libros que no captaban su interés. Sin embargo, sí quería que Tao descubriera el valor de la lectura, que se animara a escribir y que aprendiera matemáticas. Pero fracasé rotundamente con la lectura y escritura. Me sentía muy frustrada. Me enfadaba con él porque no quería hacer lo poco que le estaba pidiendo. Al mismo tiempo que discutía con él, me daba cuenta de lo ridícula que era mi postura. ¿Puede alguien obligar a amar la lectura? Debía despertar su interés, obligarlo no era el camino.

Puse mi creatividad a trabajar y me las ingeniaba para que Tao leyera aunque fuese el menú del restaurante. Pero en cuanto se daba cuenta de mis verdaderas intenciones, se negaba en redondo. Tao y yo habíamos comenzado una lucha invisible: yo intentaba engatusarlo; él, no ser engañado. Estaba desesperada.

Entre tanto, seguíamos de ruta con nuestros amigos hasta Ushuaia. Hubo un tiempo en el que dudamos de si llegar allí o no, ya que eran muchos kilómetros solo para conquistar un hito que suponía un gran esfuerzo para los niños; además, nuestro estilo de viaje no va de conseguir hitos ni banderas, sino de atesorar experiencias. Pero menos mal que, por último, decidimos conducir hasta el fin del mundo: Ushuaia nos recibía con un paisaje espectacular de montaña y mar difícil de olvidar. Parecía casi un espejismo después de tantos kilómetros conduciendo sobre rectas infinitas. En aquellos momentos, siendo yo quien llevaba el camión, los ojos se me iban a las montañas que, de repente, empezaron a acompañarnos. Había aparecido, primero, un bosque de árboles con formas extrañas producidas por el viento; giramos una curva y, de pronto, estábamos rodeados de montañas altísimas.

—¡Qué bonito, qué bonito! —repetía yo sin cesar mientras ponía más atención en una carretera que acababa de pasar, de ser una recta, a dibujar multitud de curvas.

—*Wow*, ¡mira! —dijo Dani de repente.

Entre las montañas, al fondo, se dibujaba una línea azul de mar brillante. Los rayos del sol incidían sobre él; el color azul del océano Antártico se hacía intenso en contraste con los macizos. A un lado, bajando por la colina de una montaña, se encontraba la ciudad de Ushuaia, vibrante y con vida, acogiendo a viajeros de todo el mundo que encontraban en ella el inicio o el final de su camino. Allí conocimos viajeros con inmensos camiones europeos, pequeñas furgonetas que parecían caerse a pedazos, motoviajeros, biciviajeros, autoestopistas…, todo tipo de gente con un mismo sueño. Esa es la magia que esconde Ushuaia: ser el lugar de partida o culminación del gran reto de recorrer la Panamericana. Y allí estábamos nosotros, entremezclados con todas esas historias de vida dispuestos a cumplir también nuestro sueño.

3

Los Mundo

Ushuaia marcó un antes y un después en nuestra marcha.
Llevábamos casi un mes rodando con otra familia viajera y
todos estábamos felices con la compañía; sin embargo, nosotros necesitábamos abrirnos al viaje. Era momento de que
nos miráramos de frente los cinco y encontráramos el equilibrio dentro de nuestro núcleo; estando solos, ya que llevábamos casi dos meses en la ruta y sentíamos que aún no estábamos del todo acoplados entre nosotros. La tribu tenía
que separarse para que pudiéramos encontrar nuestro propio
ritmo; estaba claro que no podíamos seguir viajando tan rápido.

Celebramos mi cumpleaños las dos familias. Al día siguiente nos despedimos pensando que nos encontraríamos
más adelante. Pero eso nunca sucedió, los contratiempos que
tenía reservado el viaje nos lo impidieron. O, quizás, lo que
parecieron contratiempos no fueron otra cosa que aventuras
de ruta que nos situaban allí donde debíamos estar.

Salimos de Ushuaia con la idea de aproximarnos lo máximo posible al ferry que cruza el estrecho de Magallanes para tomarlo al día siguiente.

El viento estaba demasiado intenso. Veíamos como las
motos conducían de lado y los bici-viajeros tenían que apear-
se de sus bicicletas. Poco a poco el viento se fue intensifi-

cando aún más, ya no veíamos a nadie en la carretera. Conducíamos solos en largas rectas, con el sol calentando el parabrisas y fuertes ráfagas que zarandeaban el camión dando la impresión de volcarlo. Empezamos a preocuparnos al no ver a nadie y ya cuando estábamos a punto de llegar a nuestro destino, los trabajadores de una gasolinera nos dijeron:

—¡Estáis locos conduciendo con este viento! Ha llegado a volcar autobuses enteros.

—Ya nos parecía raro no ver a nadie en la carretera… —dijimos con cara de sorpresa.

—¡Claro! Con este viento nadie sale, y menos un vehículo alto como el vuestro. Ni siquiera ha salido el ferry, lleva todo el día parado.

—¿De verdad? ¿Y cuándo lo abrirán? Nosotros pensábamos dormir por aquí cerca y cruzar mañana.

—Es posible que se active por la noche, porque suele amainar el viento, y que se cancele de nuevo por la mañana si vuelve a soplar fuerte —nos explicaron.

Tras escuchar la información decidimos acercarnos hasta la fila de coches que esperaban cruzar el estrecho esa misma noche. El sol comenzó a esconderse; allí seguíamos parados en una inmensa línea de vehículos de todo tipo sin saber si cruzaríamos o no. Esperamos horas sentados comiendo lo que teníamos y jugando a lo que podíamos (un «veo, veo», adivinanzas…) sin habernos movido ni un solo metro. Cuando la noche se hizo del todo presente y el frío era ya insoportable, los niños se vinieron conmigo a la parte de atrás del camión para meternos en la cama. En la cabina se quedó Dani abrigado con un plumífero de alta montaña, gorro y guantes. La noche esperaba ser larga para él; suerte que ya había empezado con las cámaras y se entretuvo grabando, jugueteando con el teléfono... Los niños se habían dormido, si bien yo tampoco podía descansar pensando en Dani y el supuesto cruce. No había cobertura, así que no podía comunicarme con él para saber qué estaba pasando; solo me quedaba enterarme por el movimiento del camión que, de vez en cuando, arrancaba avanzando unos metros. Eso me indicó que el ferry ya estaba funcionando, pero ¿cuándo nos tocaría a nosotros? Terminé durmiéndome a ratos. Creo que cada vez que Dani arrancaba me despertaba; después volvía a caer en un sueño débil, de esos que tienes cuando te mantienes alerta.

Cuando vivíamos en Madrid me había acostumbrado a dormir *con un ojo abierto*, porque a Erik se le taponaba la nariz y le costaba respirar. La salud de los niños era una de las mayores preocupaciones antes de salir del viaje; sobre todo la de Erik, porque era muy pequeño: un constipado se le convertía en una bronquiolitis con facilidad. Por eso, cuando tomamos la decisión de dar la vuelta al mundo, fui a su pediatra a contarle nuestra idea y me recetó varios medicamentos para que me llevara *por si acaso*. También me remitió al Departamento de medicina tropical del Hospital de la Paz para las vacunas. A mí me daba cierta vergüenza decir lo que íbamos a hacer por si esas personas responsables, con un puesto que les había costado años de esfuerzo conseguir, me miraran como a una madre irresponsable. Pero no fue así. Esas profesionales de la salud, ambas mujeres, me dieron toda la información que necesitaba para atender a mis hijos. Me dijeron, además, algo tan obvio que parece mentira que a veces se nos olvide:

—Si alguno de tus hijos se pone enfermo, lo que tienes que hacer es acudir al médico; los hay en todo el mundo.

Salí de la consulta del Hospital con la certeza de que yo no era la primera ni la última madre que sacaba a sus hijos de su zona de confort exponiéndolos al mundo.

Volví a quedarme dormida en el camión y me desperté cuando salíamos del ferry. Noté cómo Dani conducía un pequeño espacio de tiempo, se detenía, bajaba del camión y abría nuestra puerta.

—Hemos cruzado, pero estoy exhausto; son las seis de la mañana y no he dormido nada.

—¿Dónde estamos? —le pregunté.

—Estacionados en el arcén de la carretera. Necesitaba parar, lo he hecho en el primer sitio que he visto.

—Entra y descansa —le dije, invitándole a la cama donde estaba también el bebé Erik durmiendo.

Pudimos descansar un rato hasta que los niños se despertaron demandando el desayuno. Estábamos todos desorientados, pero felices por estar en Chile y empezar una nueva etapa.

Llegamos a Punta Arenas, la ciudad más grande de la Patagonia chilena y del extremo austral. Sin embargo, no se sentía como una gran ciudad. Nos conquistaron sus calles limpias, amplias, con edificios bien conservados de arquitectura europea. Resultaba muy agradable pasear por sus avenidas llenas de vida, aunque tranquilas al mismo tiempo; se respiraba un aire neoclásico entre casonas y edificios oficiales conservados a la perfección.

Aparcamos a RumRum en el malecón que hay frente al mar, en el cual se pueden ver familias paseando, personas en bicicleta y en patines. Eso sí, daba igual que estuviéramos en pleno verano austral, porque el viento que traía el mar nos congelaba la cara y las manos. Volvíamos a hacer uso de nuestra ropa de invierno que habíamos guardado al llegar a Buenos Aires, para taparnos de la cabeza a los pies. Sin embargo, en cuanto dejábamos el malecón y nos adentrábamos entre las calles de la ciudad, los edificios hacían de cortavientos. En uno de esos paseos, de repente, vimos una pequeña tienda de diseño gráfico e impresión.

—Dani, tenemos que poner ya el logotipo a RumRum porque así parece un camión de pescado. ¿Entramos a preguntar precios?

—¡Sí, vamos!

Llevábamos un tiempo pensando en que teníamos que vestir a RumRum con nuestro logotipo de Los Mundo y ponerlo en las redes sociales para que la gente nos empezara a conocer también por el camino. Queríamos haberlo hecho en España; la verdad es que no nos dio tiempo entre todos los preparativos que debimos ultimar antes de partir.

Desde que Dani se había despertado aquella mañana con la revelación del viaje, hasta que nos fuimos, pasaron tan solo ocho meses. En ese tiempo tuvimos que vender su parte de la empresa; tomar la decisión de comprar el camión y hacerle las modificaciones; vender y deshacernos de lo poco que teníamos; arreglar cuentas bancarias, teléfonos… y montar una empresa que se suponía tenía que empezar a dar dinero antes de los dos años. Todo eso mientras seguíamos nuestra vida habitual con normalidad, para que los niños no sintieran el descontrol del momento. Ellos continuaban yendo al colegio; por las tardes los llevaba al parque o al polideportivo donde Tao tenía clases de natación. Seguían acudiendo a fiestas de cumpleaños de sus amigos y pasando tardes del fin de semana con sus primos. Dani trabajaba mucho para dejar la empresa mejor que nunca; yo me hice un curso de páginas web para diseñar la que sería nuestra carta de presentación. ¡Buf! Solo de recordar ese momento me muero del estrés. Entre toda esa actividad hubo que encontrar un momento para llevar el camión a Amberes, Bélgica, para embarcarlo un mes antes de que voláramos nosotros a Buenos Aires. Por eso, RumRum no lucía como un camión viajero. Había llegado el momento de hacerlo.

Entramos en *Solaser, fábrica de ideas*, donde nos recibieron Adrián y Loreto con muchas ganas de trabajar. Enseguida vimos que ellos iban a ser capaces de ayudarnos a hacer un buen trabajo. Nuestra intuición no nos engañó: esa joven pareja consiguió hacer justo lo que nosotros teníamos en la cabeza. Vestir a RumRum con nuestro logotipo era mucho más que ponerlo bonito, significaba que empezábamos a creer en nuestra marca y en el proyecto. Habíamos dado el primer paso para que la gente empezara a llamarnos «Los Mundo».

De ruta a Puerto Natales

Dejamos Punta Arenas eufóricos, con ganas de comernos los siguientes kilómetros hasta llegar a Puerto Natales, desde donde visitaríamos el Parque Nacional Torres del Paine. Conducíamos tranquilos cuando, de súbito, ¡oímos una explosión! Supimos que otra rueda acababa de reventar. Esta vez no perdimos el control del camión y pudimos echarnos a un lado de la carretera sin mayores problemas. Tampoco se había roto nada, así que solo había que cambiar la rueda, algo mucho más sencillo y rápido que la primera vez. Dani salió al frío de la mañana con las herramientas y empezó a trabajar. Sin embargo, el tiempo pasaba y yo intentaba entretener a los niños como podía, cuando, de pronto, veo por el retrovisor que Dani está saltando encima del hierro que servía de destornillador.

—¿Qué pasa, Dani?

—Que no hay manera de desatornillar esa rueda. Debe de estar atascada de tanto tiempo que estuvo parado el camión en casa del antiguo dueño. Pero es que no se mueve ni un poquito, nada de nada; no lo entiendo.

—No me gusta donde estamos, justo en un cambio de rasante y tú estás en mitad de la carretera. Los coches te pasan muy cerca, ¿por qué no intentamos llevarlo ahí adelante?

—OK.

Muy despacito, llevamos a RumRum hasta una explanada donde Dani podría trabajar más seguro.

—Mira, voy a caminar hasta esas casas a ver si hay una gasolinera o alguien que pueda ayudarnos. Tú vete atrás con los niños, que estaréis más cómodos —me dijo frotándose las manos por el frío.

—Intenta también comprar agua, se nos ha terminado —le grité mientras se alejaba caminando.

Cuando Dani se marchó, yo sabía que no podríamos estar demasiado tiempo sin agua. Preparé el almuerzo a los niños, comieron, pintaron… Dani seguía sin aparecer. Recuerdo como el camión se zarandeaba de un lado a otro, al tiempo que oíamos las fuertes ráfagas de viento. Hacía cada vez más frío y empecé a preocuparme, las incesantes preguntas de los niños me impacientaban todavía más. Sabía que tenía que controlarme para no ponerlos a ellos nerviosos y que la situación se me fuera de las manos.

—Mamá, ¿dónde está papá? —preguntó Dhara.

—Buscando ayuda para arreglar la rueda —contesté disimulando mi nerviosismo.

—Mamá, ¿cuándo volverá? —dijo ahora Tao.

—No sé, ha ido caminando a unas casas que se ven a lo lejos a ver si alguien le puede echar una mano.

—Mamá, ¿por qué no viene papá?

—Mamá, tengo sed.

—Sí, cariño, pero es que no hay agua. ¿Quieres un poco de leche?

—No quiero leche, quiero agua, ¡tengo sed! —contestaba alguno de ellos o todos a la vez.

—La leche también te quita la sed y ahora vendrá papá con agua —intentaba convencerles.

—¡NO QUIERO LECHE! ¡QUIERO AGUA!

—Mamá, yo también tengo sed.

—Abua, abua, ¡buaaaaaaaah! —estalló Erik en llanto.

Yo estaba desesperada, sola y con tres niños sedientos en mitad de una carretera muy poco transitada. El frío empezaba a ser molesto, pero lo peor era no saber nada de Dani. ¿Habría conseguido llegar a algún sitio o volvería con las manos vacías? ¿Estará bien ahí fuera con ese frío? Daba vueltas sobre mí misma en el reducido espacio del camión, miraba por la ventana sin éxito porque estábamos aparcados hacia el lado opuesto de la carretera. Tenía una gran sensación de impotencia, no quería salir para no dejar solos a los niños. Se me estaba haciendo eterna la espera cuando, de pronto, aparece Dani con una pareja de unos 65 años portando agua, Coca Cola y chocolates. Fue como ver a Papá Noel repartiendo regalos por Navidad. Habían recogido a Dani que caminaba por la carretera y le prestaron su ayuda.

Los niños pasaron del llanto a la alegría y yo pude, al fin, respirar tranquila. También alguien le había comentado a Dani que muchos camiones tienen los tornillos de las ruedas traseras al revés, es decir, que se enroscan y desenroscan al lado contrario del habitual. Con esa información Dani se puso manos a la obra y, en efecto, comprobó que estaban enroscadas al lado contrario. Agradecimos hasta el infinito la ayuda que nos había prestado la pareja, la cual continuó su camino. Volvimos a quedarnos solos, si bien ahora teníamos la situación encarrilada… O no.

—¡Mierda! El último tornillo no sale y ya no puedo más —me decía Dani, desesperado, temblando por el frío.

—Bueno, no te apures, podemos pasar aquí la noche y mañana lo seguimos intentando.

En ese momento apareció un joven fuerte y robusto con una *pick up*.

—¿Necesitáis ayuda? —nos preguntó con una sonrisa bonachona.

—¡SÍ! ¡MUCHÍSIMAS GRACIAS POR PARAR! —gritó Dani eufórico—.Tengo que cambiar la rueda, pero hay un tornillo que se me resiste.

Dani estaba ya agotado y congelado; el joven, en cambio, venía con energía nueva. Así que, entre los dos, consiguieron desenroscar el último tornillo. Sin embargo, no eran capaces de sacar la rueda, la cual estaba completamente atascada.

—¡Joder! ¡Maldita rueda! —exclamó Dani desesperado. Ya no sentía las manos y tenía heridas sangrando en casi todos los dedos.

—Tranquilo, tengo una cincha en mi *pick up*. Podemos engancharla a la rueda y tirar de ella.

—Vale, vamos a intentarlo.

Dani ató la cincha a la rueda, el joven arrancó la *pick up*. Tan solo hizo falta un pequeño empujón para que la rueda saliera, ¡por fin! Solo quedaba colocar la de repuesto y estaríamos listos para continuar la ruta. Entre los dos pusieron la rueda, pero decidimos quedarnos a dormir allí mismo, aparcados en la cuneta. Mañana sería otro día y lo veríamos todo de diferente color.

Así fue. Por la mañana nos despertamos con ganas de dejar aquella carretera y llegar a Puerto Natales con una misión clara: cambiar todas las ruedas del camión. Estaba claro que estaban desgastadas y no podíamos seguir poniendo en peligro la vida de nuestros hijos.

Torres del Paine

Puerto Natales nos pareció un excelente lugar para hacer campo base, mientras buscábamos las ruedas que el camión necesitaba. Tarea que costó varios días de internet más bastantes llamadas. Al final conseguimos las que necesitábamos en una tienda de Santiago de Chile, tardarían unas dos semanas en llegar. Dimos la dirección del mecánico encargado de cambiarlas, mientras nosotros vivíamos aparcados en la plaza del pueblo.

Allí fue donde conocimos a Cristina Saraldi y su familia, otros viajeros españoles que se habían tomado un año para recorrer Sudamérica en furgoneta. Ellos venían del Norte; en aquel lugar se cruzaban nuestros caminos. La conexión fue inmediata, por lo que decidimos compartir más tiempo juntos y nos fuimos a visitar el parque nacional de Torres del Paine, a pocos kilómetros de allí. Estábamos arriesgando, porque ya no nos quedaban ruedas de repuesto. Aunque, al fin y al cabo, teníamos dos recién cambiadas; sería muy mala suerte que explotara otra.

A partir de ese momento Tao se hizo inseparable de la niña de la familia, Cloe; mientras que Dhara estaba apegada a Cristina, la mamá. Los dos pequeños, Erik y Kian deambulaban de un grupo a otro dependiendo de lo que les apeteciera en cada momento. Cristina es una auténtica caja de sorpresas, su energía nos enamoró a todos desde el primer día. Ella es divulgadora del juego consciente con un mensaje para dar a la humanidad: «el juego hace posible lo imposible» y eso mismo fue lo que consiguió con Dhara en dos ocasiones.

Cuando Dhara iba al colegio en Madrid, su profesora me comentaba que era una niña muy tímida. Dentro del aula parecía sentirse más cómoda y participaba de las actividades, pero en el recreo se quedaba jugando sola. Con las profesoras y otros adultos del colegio era todavía peor, agachaba la cabeza cuando le hablaban y huía de sus miradas. En casa Dhara siempre ha sido una niña muy risueña y feliz, pero necesita sentirse en confianza para mostrar toda su alegría a los demás. Recuerdo que le costaba mucho jugar con otros niños en el parque, pero aprovechaba la facilidad que tiene Tao haciendo amigos para introducirse ella también en el juego. Siempre necesitaba el empuje de su hermano o tener una relación estrecha como la que tenía con sus primos. En el ámbito familiar nadie podía pensar que fuera tan tímida hacia el resto de la gente, pero lo era. Sin embargo, Cristina consiguió ganársela desde el primer momento porque supo acercarse a ella desde un lado distinto al que lo hacían el resto de los adultos. Lo primero fue que tuvo la intención real y sincera de hacerlo, ya que a Cristina le gustaba Dhara y esta podía percibirlo. Lo segundo es que supo entender lo que a Dhara le gustaba, y le ofreció el tipo de juego que ella necesitaba: un juego más pausado, más íntimo y con mucho significado. A Dhara le encantaban los rituales que Cristina hacía antes de comer, o para hacer Yoga o despedirse de un lugar.

Yo sentía un poco de envidia al ver la estrecha relación que se había forjado entre ambas; al mismo tiempo, me alegraba ver a mi hija tan feliz y desenvuelta. Esa confianza la ayudó también a relacionarse con el papá de la familia, Sintas, y con los dos niños, Cloe y Kian. Siempre le estaré agradecida a Cristina por ver en Dhara toda su luz y ayudarla a creer en sí misma.

Esta mujer terremoto llena de ideas, también fue la primera persona en ver los vídeos que aún no habíamos hecho públicos en Youtube. Dani estaba grabando y editando desde el primer día, pero no había subido ningún vídeo al canal porque no estaba conforme con el resultado. A mí, en cambio, me gustaban y le animaba a lanzarlos. Como Cristina había trabajado en televisión, le pedimos que nos diera su opinión.

—Dani, grabas bonito, me gustan mucho, pero hace falta que cuentes una historia, con inicio y final.

Sus sugerencias nos ayudaron muchísimo. Dani comprendió que sus vídeos eran en exceso observacionales, una técnica muy propia de los documentales, pero necesitaba contar algo, tener una historia.

—Yo subiría los vídeos a Youtube, a ver qué pasa. Así sigues avanzando y no te quedas atascado en los vídeos del inicio que, total, nadie los verá —le aconsejó Cristina.

Sin embargo, aún tendría que acontecer algo más para que Dani comenzara a publicar en Youtube.

Pasamos seis días muy conectados con nuestros nuevos amigos, jugando mucho y admirando un paisaje que parece salido de una novela de Tolkien. En cierto momento, entramos por un lado del parque donde un inmenso glaciar se baña en un lago de agua azul turquesa, donde podían verse enormes bloques de hielo flotando como si fueran barcos a la deriva. Los niños decidieron desvestirse y probar el agua helada a la vez que corrían por la explanada que nos llevaría al pie de las montañas que se alzan majestuosas desde el lago. La vista no alcanzaba a ver la cumbre de tan altos picos cubiertos por las nubes. Los niños se pusieron de nuevo la ropa y caminamos por la montaña hasta el mirador que te deja frente al glaciar, cara a cara, admirando al gigante de hielo que por abajo se mezcla con el azul turquesa del lago y por arriba con las nubes de diferentes tonalidades. Todos los sentidos trabajaban al unísono: los ojos admiraban la belleza, el aire frío acariciaba el rostro, los oídos escuchaban el hielo agrietarse para terminar cayendo al lago, el aire limpio inundaba nuestros pulmones…

—¡Mamá, tengo hambre! —ahí está el sentido que faltaba. Los niños tienen bien marcados los biorritmos, había llegado la hora del almuerzo. Unas galletitas apaciguarán el regreso a las casas rodantes.

Llegó el momento de la despedida, nuestros nuevos amigos siguieron ruta y nosotros nos quedamos en Torres del Paine esperando las ruedas. Era la segunda vez que se disolvía una tribu viajera: abrazos, besos, sonrisas para esconder la tristeza que todos sentíamos. Volvemos a estar solos con el objetivo puesto en las ruedas que no falta mucho para que lleguen. De repente, sucedió lo que pasa una vez al año en este lugar del mundo, se abrió una ventana de varios días en el que el sol lució y el viento dejó de soplar. Aquel lugar se convirtió en el paraíso en la Tierra, la ya de por sí belleza brilló todavía con más fuerza. Los lagos del parque resplandecían, las cumbres de las montañas se erguían sin nubes que taparan sus picos. Las tres famosas torres podían verse desde casi cualquier parte del parque. Pasamos esos días haciendo caminatas por la montaña, descansando bajo la sombra de los árboles y jugando en los grandes pastos verdes que se extendían bajo las montañas rocosas. Hasta los niños se bañaron libres en un lago sin que supiéramos que estaba prohibido.

Estábamos felices y conectados con nosotros mismos. Las conversaciones con Cristina habían despertado nuestra creatividad; Dani y yo no parábamos de compartir ideas nuevas que nos venían a la cabeza.

Habíamos salido de España con la idea de hacer una serie documental sobre la alimentación infantil en el mundo. Queríamos mostrar la cultura y la diversidad humana a través de la relación que se establecería entre nuestra familia y la de diferentes partes del planeta. Con la alimentación como excusa mostraríamos cómo viven, dónde compran y cuáles son sus principales preocupaciones. Cuando conocimos a Matilda y su familia en Atlántida nada más comenzar el viaje, les habíamos pedido grabar el primer capítulo; habían aceptado. Para nosotros significó mucho porque era la prueba de que podíamos hacerlo; esa grabación piloto nos ayudaría a ver las fortalezas y debilidades del proyecto. Sin embargo, a medida que íbamos avanzando en la ruta, aquel capítulo se había quedado enterrado en el disco duro y Dani se dedicaba a grabar nuestras aventuras del viaje. En el momento en que conocimos a Cristina estábamos bastante perdidos sobre el rumbo de nuestro proyecto audiovisual; las charlas con ella, unido a la magia del lugar, despertaron en nosotros multitud de ideas. Aunque empezábamos a darnos cuenta de que era muy difícil viajar en libertad, a la vez que hacíamos una serie documental con una temática fija. Dani grababa y editaba cada noche, sin descanso, pero seguía sin querer mostrarlo.

La parte laboral distaba mucho de estar resuelta, si bien como familia viajera estábamos ya compenetrados. Una tarde, tras haber pasado un día feliz en el campo, regresamos al aparcamiento donde dormíamos todos los *camper*; de pronto, vi como un suizo salía corriendo hacia el río portando una enorme cámara.

—¡Ha visto al puma! —pensé, mientras me acercaba corriendo con Erik en brazos. Ahí estaba: un puma había bajado a beber al otro lado del río. No es nada fácil ver a estos animales en libertad; sin embargo, ahí estábamos nosotros observándolo desde el aparcamiento de nuestro hogar.

Arrancamos en Youtube

Pasados esos días en el paraíso de montaña, volvimos a Puerto Natales, donde nos esperaban los zapatos nuevos de RumRum. Parece que las piezas van encajando y el rompecabezas del viaje cobrando color. Nos sentimos eufóricos, alegres, con ganas de comernos el mundo junto a nuestros tres pequeños, quienes han encontrado sus propios ritmos en esta vida poco rutinaria.

Cruzamos de nuevo a Argentina con la ilusión puesta en el Perito Moreno. Ese día el sol está potente, nos imaginamos el contraste de colores sobre el hielo azul. Sin embargo, al llegar al aparcamiento desde donde se toman los autobuses que suben hasta el glaciar, nos baja el ánimo al ver tantísimos turistas que, al igual que nosotros, han venido a admirar el gigante de hielo. A los niños les da igual que haya gente o no, ellos están felices de subirse a un autobús y se divierten haciendo juegos de palabras con el Perito Moreno:

—Pepito Moreno, Pepino Moreno, Pingüino Motero...

El autobús hace su parada, la masa de gente bajamos en tropel, ansiosos por ver el glaciar. Pasarelas de metal bajan y se bifurcan en opciones de un lado a otro, los niños lo viven con imaginación y velocidad pareciendo estar en un parque de atracciones. Entonces ocurre la magia. El gigante de hielo se sobrepone a la masa humana, cada pequeño ser encuentra su rinconcito para la contemplación. Podría pasarme horas apreciando esa paleta de blancos, azules y grises que desprende el hielo cuando el sol incide en él. Grandes pináculos de diferentes tamaños sobresalen de la parte alta del glaciar, mientras al frente pueden verse enormes bloques de hielo a punto de desprenderse, ayudados por los intensos rayos de sol del verano patagónico. Tao se dedica a contar los crujidos con roturas de cascos. Es el premio de la observación, un espectáculo para los oídos y la vista. Aunque eso signifique la autodestrucción del glaciar, todos aplaudimos y vitoreamos por dentro, desde nuestra área de confort, las pasarelas de hierro nos dan seguridad y diversión.

Miro el teléfono y descubro que los seguidores de Instagram han pasado de ser 300 a 1300 y aquello no para de subir. La cuenta @tetayteta que administra una amiga en Madrid acababa de hacer un bonito y sentido *post* sobre nosotros, en concreto sobre mí. Gracias a este *post* llegaría días más tarde el empujón que necesitaba Dani para arrancar con el canal de Youtube.

Dejamos El Calafate y tomamos rumbo hacia El Chaltén, «capital nacional del *trekking*», lugar de montañeros y escaladores con toda su esencia. Su pico más famoso es el Fitz Roy, al que cada año escaladores profesionales de todo el mundo prueban su ascenso por diferentes caras.

El Chaltén es uno de esos lugares donde nos quedaríamos a vivir una temporada. Me gusta su estilo más de andar por casa, sin cobertura, sin agua en los supermercados, un lugar turístico con pocas ganas de crecer más. Contrasta con El Calafate, donde la tentación asoma en cada esquina: entren y vean, compren si les gusta, prueben nuestra especialidad… Al Chaltén, sin embargo, no llegan los autobuses turísticos de foto porque para acercarse al Fitz Roy hay que dejar el asiento y caminar.

Estando allí recibimos un *mail* inesperado:

—¡Dani, mira! Nos ha escrito un periodista de EL PAÍS, quiere hacer un reportaje sobre nosotros —le grito mientras me acerco desde la oficina de Turismo, adonde vamos por turnos a tener un poco de cobertura.

—¡Qué bueno! ¿Y qué le has dicho?

—¿Qué le voy a decir? Que estamos encantados y que me explique cómo quiere hacerlo porque aquí estamos fatal de cobertura. Vamos a tener que subir un vídeo a Youtube para cuando salga el artículo. Tenemos que aprovechar esta oportunidad, no puede ser que la gente vaya al canal y que allí no haya ni un mísero vídeo —le digo a Dani consciente de la crisis creativa que está viviendo las últimas semanas.

—Sí, es verdad. Pero no puedo subir cualquier cosa, creo que deberíamos hacer un vídeo de presentación explicando lo que se van a encontrar en el canal.

—Dani, tú no paras de hacer y hacer, pero luego no quieres subir nada. Los vídeos que tienes están bien, ¿para qué vamos a hacer otro? —repliqué yo con nerviosismo.

—Marta, si la gente viene desde un artículo de EL PAÍS sin conocernos de nada, lo primero que tenemos que hacer es presentarnos.

—OK, me parece bien, pero vamos a hacerlo ¡ya! —le insistía yo con ansias de tener, por fin, algo subido al canal.

—¿Te crees que los vídeos se hacen así, sin más? Hay que hacer un guion. Aprovecharemos estos días aquí para grabar.

Recuerdo que desde el inicio del viaje trabajábamos mucho y era muy frustrante comprobar que casi nadie leía nuestros *post*, mucho menos veía unos vídeos que no enseñábamos. Es difícil mantener una disciplina de trabajo cuando no recibes nada a cambio. Sabíamos, en cambio, que era momento de construir, ese artículo representaba mucho para nosotros.

Entre tanto, continuábamos dándole vueltas a esa serie documental que no acabábamos de atinar. Teníamos la mirada puesta fuera y no nos acordábamos de algo que nos había dicho un amigo en Madrid:

—¿Cuántas familias conocéis que se vayan a dar la vuelta al mundo con sus tres hijos pequeños en un camión? La historia sois vosotros. La gente que conozcáis, la cultura, los proyectos que os interesen, los lugares… forman parte de vuestra narrativa, los protagonistas sois vosotros.

Aquello lo habíamos dejado guardado en un compartimento del cerebro que sólo dejaríamos salir meses más tarde.

Los días en el Chaltén trabajábamos mucho por las noches mientras las mañanas las pasábamos subiendo montañas. Tao y Dhara caminaban solos, pero a Erik lo llevábamos en la mochila la mayoría del tiempo. Una tarde estaba tan cansada que no quise ni abrir el ordenador; en lugar de eso salí a que me diera el aire frío del atardecer.

—¡Oh, vaya! —me quedé atrapada en un cielo con colores imposibles y profundidades que me transportaban a otro lugar de mi mente. Podía sentirme flotar en mitad de ese cielo jugando con las nubes. Aquella sensación con tintes alucinógenos me estremeció, era la primera vez que contemplaba un cielo con todo mi ser y no solo con los ojos. Fue un momento trascendental en conexión con el firmamento. Llamé a Dani para que observara aquel espectáculo, mas a él no le pareció tan extraordinario como a mí. Quizás fuera el cansancio físico que llevaba acumulando lo que me llevó a ese estado; quién sabe, yo lo recordaré siempre como el cielo más espectacular que había visto nunca.

Nos encanta este lugar pero necesitamos conexión a internet, así que continuamos ruta de nuevo hacia Chile. Hemos perdido ya la cuenta de las veces que hemos cruzado la frontera entre estos dos países, por lo que Tao, con sus seis años, nos dice:

—Ojalá no existieran las fronteras.

«ESTRENAMOS CANAL DE YOUTUBE. ¡Por fin ha llegado el momento! Con mucha alegría y miedo a partes iguales lanzamos el canal de Youtube de Los Mundo. Durante estos meses no hemos perdido el tiempo. Hemos grabado, y mucho, editado todavía más y vivido una crisis creativa de por medio. Llegamos a dudar de todo y a punto hemos estado de no lanzar nada. Pero al final hemos decidido enseñarte

lo que tenemos, para que vivas también nuestra evolución creativa y técnica. Para que nos acompañes en el viaje, pero también en la dura subida que supone crear un nuevo proyecto. Esperamos que quieras acompañarnos en este camino que estamos recorriendo. Nos interesa saber tu opinión, lo que querrías ver más, lo que te aburre, lo que esperabas de nosotros… Tus impresiones son fundamentales para guiarnos en el proceso».

Con estas palabras anunciábamos el lanzamiento del canal de Youtube en Instagram. Al releerlo puedo sentir la falta de confianza que teníamos en nosotros mismos. Cada palabra escrita parece justificar la anterior. Y es verdad, estábamos muertos de miedo lanzando nuestra apuesta al mundo porque en esos vídeos exponíamos nuestra creatividad, nuestra familia y la forma en la que nosotros entendemos la vida.

Cuando te expones a desconocidos, te haces vulnerable; nuestro estilo de vida puede levantar puntos de vista muy extremos. Pudimos comprobarlo en la cantidad de comentarios que acompañaron al artículo que días después sacó EL PAÍS sobre nosotros. Aquello parecía una guerra entre los que nos criticaban con dureza y los que nos defendían. Preferí no seguir leyendo comentarios y me centré en lo positivo, el canal había alcanzado los 1000 suscriptores y esas personas nos animaban a continuar. Desde ese momento hemos sentido el cariño de la gente empujándonos a seguir; aunque no faltan las voces que nos critican, el cariño lo supera con creces.

Los niños y las cámaras

Viajar con tres niños, ser sus maestros e ir trabajando al mismo tiempo no es tarea fácil, así que decidimos involucrarlos cuando ellos quisieran. Los niños tienen la opción de participar o no en los vídeos, de forma pasiva o de forma activa, siendo ellos los camarógrafos o incluso guionistas. Las cámaras son parte de la vida de nuestros hijos, por lo que hemos querido que esta experiencia sea también un aprendizaje para ellos. Dani ha empezado a darles un curso de vídeo enseñándoles cómo utilizar la cámara, cómo contar una historia, escribir un guion…; más adelante les enseñará a editar sus propios videos. Al principio los niños cogían con timidez las cámaras pero cada día están más sueltos. Aunque podría decirse que van a rachas, hay momentos en los que les apetece juguetear con los aparatos y otros en los que pasan olímpicamente. Pero me doy cuenta de que esto les ocurre con todo. De repente se vuelven locos con la lectura y devoran libros de todo tipo, para después pasar temporadas de no querer leer ni el menú del restaurante. Lo mismo podría decirse de la pintura, los legos, las matemáticas…; bueno, las matemáticas no, para eso tengo que estar bastante encima de ellos a fin de que sigan avanzando.

Volviendo a las cámaras, a Dhara le encanta mostrar las cosas pequeñas, los detalles que encuentra en los lugares a los que vamos, cosas que los adultos ya no somos capaces de ver. Recuerdo un día en que estábamos en un parque nacional de Costa Rica buscando osos perezosos, monos, pizotes y otros animales exóticos. Ella en cambio, se había quedado maravillada con las hormigas que, afanosas, llevaban trocitos de hojas, flores… a sus espaldas. No había en aquel lugar nada más interesante que observar de forma pausada el recorrido de aquellas hormigas que iban desde el bosque hasta el hormiguero cruzando el camino que los separaba. ¡Qué maravilloso espectáculo nos acababa de enseñar Dhara! Su mirada se centra en los detalles aportando un valor muy significativo al viaje y los vídeos.

Tao es más de hablar a cámara para contar sus vivencias y reflexiones, simulando un pequeño maestro que explica al mundo todo lo que ha aprendido sobre animales y naturaleza. Cuando habla, puedo darme cuenta de a qué se refería su profesora al decirme aquello de que Tao era una esponja y absorbería todo lo que experimentase.

Erik es todavía muy pequeño, pero le encanta coger la cámara y grabar cuanto se le cruza en su camino.

Mientras sentíamos que el trabajo que habíamos estado haciendo empezaba a cobrar sentido, el viaje continuaba regalándonos vivencias y, sobre todo, humanidad. Hace tiempo que he aprendido que los viajes no se recuerdan por los lugares, sino por las personas. En esos momentos escribía: *«Nos vamos de Bariloche sin dejarlo del todo, porque nos hemos quedado unidos a una familia. Niños y mayores conectamos y pasamos días sin horas compartiendo juegos, mates, música, caminatas, sartenes y baños. El hogar de Nina y Javier derrocha amor, además de buena onda. Esta es la magia del viaje, estar a miles de kilómetros de tu hogar y sentirte en él.»* Aún se me pone la carne de gallina al recordar la acogida generosa, así como amistad sincera de esta familia. Lo increíble es que kilómetros más al norte, antes de dejar Argentina, otra familia volvería a abrirnos las puertas de su casa y de sus corazones.

Ruta 40

Continuaba nuestro ascenso por la Panamericana entre Argentina y Chile, en una de las zonas más bonitas del planeta. En Chile me sorprendía ver lagos que parecen mares y mares que parecen lagos. Conducíamos por un camino de tierra —«ripio» le llaman— que hacía vibrar cada tornillo del camión. Esta fue la primera palabra que aprendimos en la Patagonia; no la abandonaríamos hasta llegar a Bolivia. Le llaman ripio a las carreteras de tierra; «serrucho» cuando, además, tienen pequeñas ondulaciones que hacen que parezca que vayas en un tren del siglo XIX. El paisaje hace olvidar el traqueteo; mientras miro por la ventanilla, observo cómo el fuerte oleaje mueve pequeños botes amarrados a un frágil muelle de madera, imagen que me recuerda al mar de mi tierra. Sin embargo, aquello era un lago. Kilómetros más adelante pasaríamos por una bahía de agua salada rodeada por altas cumbres, la cual simulaba un gran lago de montaña.

La ruta de Los Lagos en Argentina y Chile es todo un espectáculo de la Naturaleza que nos hace sentir todavía más conectados con nosotros mismos y en familia. El ritual de las cosquillas se repite cada mañana. Erik duerme entre nosotros, pero por la mañana Tao y Dhara buscan su lugar entre brazos, barrigas o piernas. Erik no quiere compartir a sus padres y expulsa a los dos intrusos, quienes devuelven los desmanes con risas y juegos. Dani engancha a uno y le hace cosquillas, ¡ahora sí que ha empezado la guerra! Abrazos, achuchones, besos y caricias que saboreo como el chocolate. Sé que un día dejarán de venir para buscar calor tras la puerta del hogar. Ese día llegará y volveremos a ser dos, pero hasta entonces ¡que la lucha no cese!

Comienzo a darme cuenta de una cosa: los niños no se aburren nunca. Recuerdo cuando en la casa de Madrid nos decían:

—¿A qué jugamos?, me aburro.

Esa pregunta ha desaparecido porque siempre encuentran algo con qué divertirse: un palo en el suelo, un tronco con forma de dinosaurio, arena con la que hacer una ciudad, un lago donde bañarse… La Naturaleza es el mejor patio del mundo donde la creatividad de los niños funciona a todo gas. También se hacen amigos con facilidad. No sé si es por el carácter abierto de los hispanoamericanos o porque mis hijos se han acostumbrado a relacionarse con rapidez o, quizás, una mezcla de ambas.

Dejamos Chile para continuar la Panamericana por Argentina y conocer el norte de un país del que nos han hablado muy bien. Avanzamos con más prisa de la que nos gustaría, porque mis padres se han comprado un billete a Cuzco, Perú, y la fecha de su visita marca la ruta. Atravesamos zonas vinícolas que nos recuerdan a España y degustamos sus tintos con gente que nos invita a comer un asado o compartir tiempo en su casa. Esto es algo que me sorprende de los argentinos, se acercan con curiosidad y bastan dos palabras para que terminen invitándonos a sus hogares.

En Salta conocemos a una familia con tres niñas que siguen *homeschooling*. Alucinamos con lo bien que lo llevan. A mí me sigue costando mucho sentar a mis hijos delante de los libros y prefiero trasladar la clase al exterior. Acabamos de visitar las ruinas y museo de los Quilmes, conque aprovecho ese momento para profundizar en la historia, así como en los utensilios que usaban los pueblos originarios del lugar. Pero ver la fluidez con que esa familia educa a sus hijas me tiene fascinada. Nos reciben temprano por la mañana y los niños juegan un rato juntos; sin embargo, poco a poco, las tres niñas van eligiendo sus trabajos y se ponen a la labor. Así, sin más, sin gritos ni imposiciones, ellas solas y cada una

78

a su ritmo, se van colocando en un lugar para hacer tareas. Mientras tanto, Tao y Dhara se quedan pintando y a Erik le preparan varios botes con agua para que haga traspasos, muy propio de la metodología Montessori. Dani y yo miramos la escena estupefactos: ¿cómo ha ocurrido todo eso? De repente una de las niñas se levanta y le pregunta a la madre alguna duda que tiene, mientras el resto continúa a lo suyo. A medida que cada una se iba cansando, salía un rato a jugar al jardín donde tenían una colchoneta, un huerto y algún animalito. También prepararon fruta para compartir y así pasamos la mañana en la que Dani y yo aprendimos mucho más que los niños.

Por las tardes las pequeñas tenían actividades de su interés, como granja, costura o circo, en donde conocían a más niños, ampliando con todo ello su educación.

Los días que pasamos con esta familia fue como hacer un curso intensivo de educación positiva. La armonía que se vivía en esa casa sigue siendo un referente para mí dos años después de aquello.

Tilcara

Más al Norte, en la quebrada de Humahuaca, ya casi haciendo frontera con Bolivia, las costumbres andinas se hacen cada vez más presentes, al tiempo que la altitud empieza a notarse en el clima y en nuestros pulmones. Estamos contentos, ya que el cambio de fisionomía de las personas nos indica que nos estamos acercando a un cambio de cultura que tenemos muchas ganas de conocer. El viaje hasta ahora ha sido sencillo, culturalmente hablando, porque tanto Uruguay como Argentina y Chile se parecen bastante a nosotros.

A los dos días de llegar a Tilcara, nuestra última parada antes de cruzar a Bolivia:

—¡Mierda! el ordenador no se enciende —exclama Dani cuando quiere ponerse a editar el vídeo de la semana. Desde que lanzamos el canal estamos subiendo un vídeo semanal, pues sabemos que en Youtube la constancia es muy importante. La audiencia debe saber cuándo publicas, para que esté pendiente del vídeo.

—¿Está sin batería o es que ha muerto? —le digo yo preocupada.

—Creo que es del cargador o de la placa de batería del ordenador, ya que no carga. Lleva varios días haciendo el tonto y ahora ya no funciona.

Comprar un cargador de Mac es una tarea sencilla en Europa, pero estando en un pueblo al Norte de Argentina, no tanto. Ninguna de las tiendas de las ciudades cercanas tenía el cargador que necesitábamos. Después de un par de días de llamadas conseguimos encontrar uno en una tienda de Buenos Aires a través de Mercado Libre, una especie de Amazon que funciona en toda Latinoamérica. Bueno, ya lo tenemos localizado, ahora vamos a comprarlo. ¡Sorpresa! No aceptan ninguna de nuestras tarjetas ni una transferencia bancaria. ¿Esto es así, de verdad? No podemos comprar porque no tenemos un número de identificación argentino, ¿es que no quieren vender? Perdemos otros dos días buscando la manera de pagar hasta que conocemos a unos viajeros que nos hacen el favor de usar su tarjeta, al tiempo que nosotros les damos el dinero en efectivo. Hemos perdido cinco días con la historia del cargador; pero no importa, el pueblo de Tilcara nos encanta. Dejarse llevar, fluir con los acontecimientos, es algo que todo viajero aprende con rapidez, lección que sirve para la vida en general.

Desde la empresa de mensajería nos dicen que pueden tardar dos semanas en entregar el paquete porque está la Semana Santa de por medio. Esa también fue la razón por la que la policía local nos dijo que teníamos que abandonar el lugar donde estábamos estacionados porque se utilizaría para eventos. En Tilcara la Semana Santa se festeja con mucho fervor y promete ser todo un espectáculo cultural para nosotros. Lo malo es que ahora no sabemos dónde vamos a dormir durante ese tiempo.

Aprovecho esos días para llevar a Tao a hacerse una revisión al oculista. Mientras esperamos llega una joven mamá con tres niños, quienes al momento empiezan a jugar con Tao. La mamá y yo nos ponemos a charlar.

—¿Los tres son tuyos? —le pregunto— yo también tengo tres, pero los otros están con su padre. Son de edades muy parecidas a los tuyos.

—Tengo otro más —me dice —el mayor está en casa.

—¿En serio? ¡Con lo jovencita que eres!

—Si, me enamoré siendo una niña del papá y han ido llegando los hijos —comenta entre risas.

Me gusta hablar con esta madre jovial y cercana, con la que en poco tiempo estamos compartiendo sentimientos íntimos como si fuéramos grandes amigas.

—¿Por qué no vienen a mi casa? Tenemos mucho terreno donde estacionar el camión y así los niños pueden jugar.

—¿A tu marido le parecerá bien? —le pregunto.

—Sí, claro, el espacio es muy amplio. Él es pintor y casi siempre está en el estudio, le gustará que me hagáis compañía.

Comprendí esa frase porque a mí también me había pasado cuando vivíamos en Madrid. Me encantaba que vinieran amigas a visitarme, o niños de la clase a jugar con mis hijos, porque así no estaba yo sola con ellos. La maternidad puede ser hoy muy solitaria si vives lejos de tu familia, y eso era lo que le ocurría a ella, a mí antes también. Así que acepté la invitación.

La casa estaba en lo alto del pueblo, con un terreno amplio y hermoso donde estacionarnos. Los siete niños de ambas familias congeniaban la mar de bien; ninguno hacía uso de pantallas, lo que les gustaba era jugar libres y salvajes por esa tierra. Había árboles donde escalar, agua con la que mojarse…; pero, sobre todo, mucha imaginación de tanto niño sin contaminación tecnológica. Eran unos pequeños salvajes que se autogestionaban muy bien sin ayuda de los adultos. En la casa nosotras charlábamos del amor y de la vida mientras me enseñaba a hacer empanadas argentinas junto a otras delicias de la tierra. Me gustaba observar a esa jovencísima mamá preparar la comida de manera tan artesanal. Amasaba la harina para preparar pan o pizza y recogía en su jardín plantas aromáticas de condimento. Aun teniendo cuatro hijos, su ritmo era pausado, muy distinto al que yo había vivido en la gran ciudad.

Pasaron los días y llegó la Semana Santa a Tilcara. El Domingo de Ramos podía escucharse en todo el pueblo las bandas de *sikuris* (flautas andinas) tocando sus melodías mientras el párroco entraba en la Iglesia montado en burrito, simbolizando la llegada de Jesús a Jerusalén. Durante el lunes las bandas recibían su bendición para salir en procesión hacia Punta Corral, la cual se encuentra a 18 kilómetros de allí y a 3.480 metros de altura. La música de las bandas se escucha en el pueblo durante todo el día, ya que deben salir unas 79 bandas de *sikuris*, 6.000 músicos y peregrinos. En Punta Corral se encuentra el Santuario del Abra, donde se guarda la Virgen, la Mamita del Cerro, a la cual deben bajar en procesión el Jueves Santo.

Desde el pueblo de Tilcara se escuchaba el sonido de los 6.000 peregrinos tocando bombos, platillos, tambores y *sikus*, descendiendo por la ladera. El sonido de la música hace eco entre las montañas y parece que la tierra tiemble.

Mientras caminamos entre la multitud, pienso en lo importante que son las tradiciones. En un mundo cada vez más globalizado y capitalista, contemplar el esfuerzo alegre con el que la gente vive este momento me gusta, porque lo hacen con amor y emoción. Ahora que nadie regala nada, donde todo se comercializa, las tradiciones luchan por seguir adelante. Como viajeros es muy emocionante contemplar la cultura viva de un pueblo, se compartan o no las creencias; la riqueza de las costumbres es invalorable.

La Semana Santa termina con la llegada de nuestro cargador. Es hora de despedirnos de todo un país:

«Último día en Argentina, las lágrimas recorren mi cara. No es tristeza, es gratitud hacia una gente que nos ha dado tanto. Conocía el buen carácter de los argentinos, lo que no sabía era que el país entero fuese tan hospitalario, divertido y acogedor con los viajeros. Esta capacidad de abrazarnos nos ha hecho sentir como en casa, ¡mejor que en casa! Compartimos mates, asados y tiempo; sobre todo, eso: tiempo sin prisas, sin nada mejor que hacer que pasar el día juntos. Hemos sentido el calor de la gente a lo largo y ancho de este hermoso, diverso e imponente país.

Pero las maravillas que esconde su naturaleza queda relegada a un segundo plano. Su gente brilla por encima del Perito Moreno, los lagos o Iguazú. Gracias a cada una de las lágrimas que recorren mi cara, os llevamos en nuestros cinco corazones.»

De esta forma le hacía mi pequeño homenaje a Argentina en las redes, al tiempo que creábamos un ritual de despedida con nuestros amigos viajeros: Cristina y familia. Nos hemos vuelto a juntar en la frontera para rodar juntos por Bolivia.

4

Viajar con visitas

La frontera de Bolivia fue rápida y sencilla. Sin apenas darnos cuenta estábamos dentro de un país donde su cultura te estalla en los ojos desde el primer momento.

—Ahora empieza el viaje de verdad —me dice Dani con una amplia sonrisa en la cara.

Él ya ha estado en Bolivia. Le parece el Nepal de Sudamérica porque mantiene sus costumbres vivas, enamorando a cualquier viajero con sed de cultura.

Transcurren los kilómetros, podemos ver a las mujeres vestidas con sus trajes tradicionales (cholitas) caminando por la carretera viniendo de un día en el campo. Hacemos nuestra primera parada donde las dos familias saltamos y recorremos el mercado. Los ojos se nos van a los puestos coloridos de frutas y verduras que desconocemos, los diferentes olores se cuelan en nuestras fosas nasales y se escuchan las bocinas de la calle cada vez más lejanas a medida que nos adentramos en el mercado. Cristina no para de hacer preguntas con su impulso habitual y las mujeres le contestan casi en un murmullo.

—Perdón, ¿cómo dice que se llama esta fruta? —vuelve a preguntar Cristina con el mismo ímpetu.

—Guapuru —le vuelve a contestar con un suspiro.

—¡Gracias, mamita! —le devuelve Cristina una de sus amplias sonrisas.

Seguimos deleitándonos con la cantidad de productos desconocidos para nosotros y de los coloridos trajes de las mujeres. De repente, torcemos uno de los estrechos pasillos y vemos algo colgado en un puesto.

—¿Qué es eso? —nos preguntamos en voz baja nosotras para que no lo vean los niños.

—¡Mamá!, ¿qué son esas cosas colgadas ahí? Parecen animales —dice uno de los niños mayores.

Los dueños de los puestos nos miran, mas ninguno contesta a nuestras dudas; así que lanzamos la pregunta directamente.

—Disculpe señor, ¿qué es eso que tiene ahí colgado?

—Son fetos de llamas —contesta, seguro de que va a tener que responder a más preguntas.

—¿Y para qué sirven?

—Se utilizan para rituales —nos explica. Al ver nuestra cara de interés, continúa diciendo—: Son uno de los elementos más importantes para devolver todos los favores que nos brinda la Pachamama (Madre Tierra).

—Interesante, muchas gracias —respondemos al unísono.

A lo largo de nuestro recorrido por tierras andinas aprendimos que para los incas la reciprocidad con la tierra era muy importante. Así que poner un feto de una llama hacía que la Pachamama se sintiera satisfecha.

Nuestra próxima parada es, para mí, el lugar más mágico en el que he estado: el Salar de Uyuni, el mayor desierto de sal del mundo con casi 11.000 km² y a 3.650 metros de altura. Una inmensa explanada blanca contrasta con el más puro azul del cielo, donde el sol parece brillar con mayor intensidad. Los rayos inciden en la blanca sal, devolviendo una claridad que puede quemar las retinas en pocas horas.

Dani estaba deseando entrar con el camión: en su mente se veía volando el dron mientras yo conducía a RumRum por el gigante de sal. Tenía sus imágenes en la cabeza, pero días antes habíamos conocido a otros viajeros que se quedaron atascados y tuvieron que sacarlos con varios tractores. Toda una aventura que no teníamos ganas de experimentar; así que, con el miedo a que eso sucediera, las dos familias decidimos contratar un tour y dejar los vehículos fuera.

Ese día nos hicimos las típicas fotos en la famosa escultura del Dakar, con las banderas del mundo, y nos retratamos haciendo originales juegos de perspectiva. Estuvo bien pero todos queríamos más. El Salar de Uyuni es demasiado especial como para sobrevolarlo de esa manera, queríamos conocerlo en libertad y observar las estrellas en uno de los cielos más espectaculares del planeta.

Al día siguiente preguntamos a varios guías, quienes nos aseguraron que, si seguíamos las marcas de las ruedas que hay en el salar producidas por otros coches, no nos pasaría nada. Esto es lo más importante, porque debajo de la capa de sal de unos 50 cm existe un lago; conque, si no sabes dónde te metes, puedes acabar con la rueda encajada en un agujero de agua (allí les llaman ojos), tal como les pasó a nuestros amigos que tuvieron que ser rescatados. También nos indicaron el tratamiento que debíamos hacerle a los coches antes y después de salir para que la sal no estropeara nuestros vehículos. Estábamos listos para volver a entrar, esta vez, libres como el viento de la Patagonia.

Una vez dentro, la euforia se adueñó de nosotros, que recorrimos el salar hasta llegar a la laguna desde donde se ve el más bello atardecer creado por el perfecto espejo que hace el agua. Las cámaras se vuelven locas grabando y fotografiando a todas partes para intentar captar con la lente lo que nuestras rutinas están atesorando. Antes de que se ponga el sol tenemos que encontrar un lugar para dormir, cualquier sitio dentro de ese coloso de sal, pero alejado de la laguna. Condujimos un rato para encontrar un lugar cualquiera, aunque perfecto donde aparcar las *camper*.

Los mayores teníamos ganas de charla; así que les enchufamos una película a los niños, mientras los adultos nos calentábamos la boca hablando sin parar y degustando el último vino chileno que nos quedaba. Comenzó a bajar la temperatura y los niños fueron viniendo uno a uno —muertos de frío— cortando de lleno nuestra conversación. ¡Vaya! se nos había terminado el momento de adultos sin hijos, tocaba ser padres responsables. Cada familia durmió a sus pequeños y yo me quedé también envuelta en el saco de montaña, resguardada del intensísimo frío que hacía fuera. A Sintas y a Dani les importaban bien poco las bajas temperaturas: allí afuera se encontraba el cielo estrellado del desierto que, sobre las *camper*, era un escenario de lujo para sus cámaras y corazones. En la gélida noche, los dos dieron rienda suelta a su creatividad fotografiando dibujos que hacían con efectos de iluminación. Dani entraba y salía del camión para encender y apagar luces, hasta abría ventanas. Todo era válido para conseguir las deseadas fotos.

El silencio nos envolvía al amanecer en aquel mar de sal. Mirara a donde mirara solo se veía el más puro blanco, el cual se extendía a lo largo y ancho de nuestro campo de visión. A mí seguía costándome creer que todo aquello fuera sal y no nieve, porque incluso la sensación al pisar era la misma. Cada cierto tiempo me agachaba para comprobarlo, cogiendo un poco de sal y poniéndomela en los labios. Saboreé, sonreí, sentí la grandeza de aquel lugar mágico.

El silencio duró poco. Los niños salieron de sus *camper* a tropel dispuestos a aprovechar ese patio gigantesco de juegos. Cristina rápidamente sacó todo su arsenal para entretenerlos con pinturas de cara, canciones y todo tipo de juegos, mientras nosotros hacíamos el *van tour* del camión para el canal de Youtube. Aquel era el escenario perfecto para cualquier tipo de arte. No obstante, otra noche gélida era demasiado para todos, por lo que decidimos continuar ruta hacia unas termas que había cerca de allí.

¡Qué gran decisión fue aquella! Un baño calentito para el cuerpo nos vendría de lujo. Después de hacerle el tratamiento a los vehículos, teníamos que quitarle la sal a nuestra ropa y calzado. Aquellas termas tenían dos zonas: el exterior, adonde la gente de la comunidad iba a lavar la ropa; y la del baño, que —a su vez— se dividía en piscina para el disfrute, y bañera para el aseo personal. Como viajeros que vamos en vehículo, lo que más solemos echar en falta es el agua; así que ese lugar no podía ser más perfecto. ¿O sí podía serlo?

Lavando la ropa entablamos conversación con varias personas que estaban allí, al tiempo que los niños jugaban con otros pequeños que acompañaban a sus mamás. Erik, con veinte meses, tiene mucho interés por la gente nueva; así que pasa el tiempo jugando de un lado a otro, hablando con su lengua de trapo que solo yo entiendo. Una de las mujeres que cuida las termas nos cuenta que son comunitarias y que entre todos se encargan de limpiarlas, cobrar la entrada y velar por el buen funcionamiento.

Tenemos tanto que aprender que no dejamos de hacer preguntas, así que la mujer nos invita a pastorear sus llamas y llevarlas a cobijo para la noche. Los niños salen entusiasmados en busca de las llamas mientras nosotras hablamos de maternidad con nuestra nueva amiga boliviana. Me cautiva la sencillez de esta mujer que con tanta naturalidad nos explica las costumbres de su comunidad que se extiende por las montañas. La experiencia del pastoreo de llamas nos ha servido para entender mejor la cultura andina que nos acompañará los próximos meses. De aquí en adelante veremos como las comunidades indígenas tienen sus propias normas y se organizan de manera independiente al resto del país en el que están.

CREAMOS

La ruta hasta este punto había estado más o menos clara, lo que seguía de aquí en adelante no lo estaba tanto. Cristina y Sintas tenían trazado un plan, pues Cristina había contactado con varias personas en Cochabamba para hacer talleres de juego consciente. A mí me apetecía seguir rodando con ellos, además de que su ruta pasaba por ciudades interesantes como Potosí y Sucre; Dani, en cambio, prefería buscar espacios naturales. Al final la tribu fue más fuerte y nos dejamos llevar por los planes de nuestros amigos, que terminó regalándonos una de las experiencias más importantes de este viaje. Cristina había contactado con una mujer llamada Mayte en Cochabamba para hacer talleres en su orfanato; así que nosotros, con ganas de vivir una experiencia diferente, le seguimos los pasos.

Llegamos tarde a casa de Mayte, quien nos esperaba con cierto escepticismo: acababa de tener una mala experiencia con unos voluntarios y había decidido no recibir a más. Sin embargo, algo le dijo que le abriera las puertas de su casa a estas dos familias viajeras que no sabían muy bien dónde se estaban metiendo. Esa misma noche supe que aquel encuentro nos cambiaría la vida.

Mientras Mayte nos contaba la historia de su vida, la cual parecía sacada de una película, me atraía descubrir la fuerza que la movía a hacer todo aquello. Mayte es médico colombiana, ha trabajado en comunidades empobrecidas de toda América, ha sufrido la guerrilla en Colombia, la guerra en Nicaragua, viajado con un circo en España…, ¡imagínense qué mujer! Siempre buscando ayudar a los más pobres, acabando así en las montañas de Bolivia, donde la mortalidad infantil era abrumadora. Tras vivir muchos años en una comunidad *quechua*, ganándose así la confianza del pueblo, decidió que debía dar un paso más ofreciendo un hogar amoroso a aquellos niños a quienes sus padres no podían dárselo. Así, pues, a su trabajo como médico en las comunidades y a su responsabilidad de madre de cinco hijos, le sumó CREAMOS, el «hogar de niños que han sufrido el abandono», fundado por Mayte e instalado en su propia casa.

Yo no podía entender cómo en una sola vida podían caber tantas. Por tanto pregunté:

—Mayte, ¿cómo has podido hacer todo eso y continuar haciéndolo? ¿No te cansas? ¿No te toca ya descansar y disfrutar de tus nietas?

—No puedo dejar de amar a los que más me necesitan, que ahora son los niños de CREAMOS. Jesús me ha dado siempre lo que precisábamos para salir adelante en todos los proyectos, y lo sigue haciendo; así que yo también.

Pude sentir cómo mis pulmones cogían aire en una larga y lenta inspiración, se mantenían así por un tiempo hasta que, al final, expulsaron el aire y conseguí respirar con normalidad. Mientras el resto del grupo continuaba hablando con tranquilidad, un escalofrío agitaba mi cuerpo. Aquellas palabras habían tocado una tecla que llevaba tiempo apagada dentro de mi ser. De niña había soñado con viajar por el mundo ayudando a los demás; con el tiempo me di cuenta de que lo hacía desde un lado romántico y egocéntrico, por lo que aquella idea no pasó de eso. Delante de mí tenía el vivo ejemplo de entrega absoluta y de confianza plena en Dios, fuerza que la empujaba a no rendirse nunca. La fe y el amor, dos fuerzas que no todos tenemos la suerte de poseer.

Al día siguiente fuimos a conocer a los niños de CREA-MOS junto a las mujeres que cuidan de ellos con gran cariño. Cada pequeño tiene una triste historia que se ha transformado en amor gracias a las personas que los protegen y velan por que tengan cubiertas todas sus necesidades, las afectivas también. A Dhara y a Erik les encantaba estar en la zona de los bebés; Erik, porque es uno de ellos y disfruta con sus juguetes; Dhara, porque le gusta cuidar de ellos, darles de comer, acariciarlos en la cuna… Tao, sin embargo, prefiere integrarse con los de su edad y jugar siendo uno más.

Se repetían los días de juego en el hogar de CREAMOS. Al atardecer, nuestros hijos se despedían de sus nuevos amigos para venirse con nosotros, sus padres, acción que a Tao no le pasó desapercibida:

—Mamá, ¿ellos duermen ahí?

—Sí, cariño, esa es su casa —le respondí, mirándole a los ojos.

—¿Y su mamá y papá? —se unía ahora Dhara a la conversación.

—Su mamá y su papá no pueden cuidar de ellos, por eso Mayte y las señoras de CREAMOS los atienden.

—Pero, ¿cómo que los papás no pueden cuidar de ellos? ¿Por qué? Vosotros siempre decís que estamos viajando porque queríais estar más tiempo con nosotros. Las mamás y los papás siempre cuidan a sus hijos —seguía Tao con cierta angustia pensando en sus amigos.

—Es complicado de explicar porque pueden suceder muchas cosas. A veces las personas tienen tantos problemas que no pueden hacerse cargo de los hijos —intentamos explicarles, al tiempo que procurábamos no juzgar.

—Pero... ¿su mamá no quiere estar con ellos? —continuaban elevando la voz, Tao abriendo mucho los ojos.

—Más que no querer, es que no pueden.

Nos dimos cuenta de que no íbamos a poder zanjar el tema con facilidad, por lo que seguimos explicando como pudimos hasta que la conversación derivó en otras cosas. Les dimos un beso de buenas noches; al día siguiente continuaron jugando con sus amigos como si nada hubiera pasado, nada cambió en su relación y yo imaginé que se habían olvidado del tema.

Mientras tanto Dani y yo nos habíamos enamorado locamente de Mayte, por lo que pensamos que sería genial hacer un documental sobre su vida. Aprovechamos nuestros días allí para grabar entrevistas con ella, con personas a las que literalmente había salvado la vida, su hija que nos daba una visión más personal, y compañeros que la conocen bien. Nuestra idea era salir de allí con la mayor parte del material para más tarde visitar a su familia y amigos en Colombia, quienes terminarían de formar la historia. Estábamos entusiasmados, como niños con juguetes nuevos, pero siendo muy poco conscientes del tiempo de calidad que teníamos para trabajar. ¡Qué ilusos fuimos! Conciliar la vida laboral con la personal estando de viaje con tres niños es mucho más complicado de lo que nosotros habíamos pensado. Seguíamos subiendo contenido continuamente a nuestras redes sociales, pero aquello iba a paso de tortuga. A este ritmo empezaríamos a vivir de ellas cuando se terminara el viaje y eso era imposible, porque necesitábamos generar ingresos antes de que se cumplieran los dos primeros años. Este tema me mantenía siempre alerta, intentando encontrar la manera de ingresar peculio de forma directa mientras construíamos nuestra marca a medio/largo plazo.

En Cochabamba pasamos los veinte días más removedores del viaje, visitando las comunidades *quechuas* donde Mayte había vivido muchos años y la llamaban «doctorita», conociendo historias personales que le hacen a uno plantearse toda su existencia, aprendiendo del poder del juego en adultos con Cristina, recorriendo los lugares turísticos de la ciudad y compartiendo todo lo aprendido en largas charlas por la noche. Un torbellino de vivencias que removían cada parte de mi ser.

Durante aquellos veinte días la desigualdad del mundo nos explotaba en la cara, llegando a mostrarnos que la indiferencia de los privilegiados se cobra vidas. Lo increíble de Mayte es que lo difícil, duro y cruel lo convertía en positivo mirando siempre las batallas ganadas. Allí celebrábamos la vida y el amor que conseguía transformar la existencia de las personas de forma real. Cuántas veces había visto yo en España campañas de recaudación de fondos para pagar la operación de una niña que se moría en Bolivia ¡Qué lejano se sentía aquello! ¡Qué poco tangible, y qué cerca lo vivía ahora! Allí conocí a una joven a la que esas campañas le salvaron la vida siendo niña, campaña que consiguió Mayte cuando la conoció moribunda en el hospital. Ahora ella se había convertido en trabajadora social con el fin de ayudar a otras familias como la suya. Cuando conozco a personas con vidas así me siento un ser insignificante por un lado, privilegiado por otro. Me ayudan a relativizar mis carencias, a ser más agradecida y refuerzan la idea de aportar felicidad a la gente de mi entorno.

Dejamos Cochabamba solo porque mis padres estaban a una semana de aterrizar en Cuzco, Perú, y a nosotros nos quedaban unos cuantos kilómetros para llegar. Nos despedimos también de nuestros amigos viajeros, dispuestos a hacer largos días de ruta con alguna parada obligatoria como el Lago Titicaca. Estando allí recibimos un mensaje de Mayte diciendo que uno de los amigos de Tao de CREAMOS había sido dado en adopción a una joven pareja que llevaba tiempo esperando por él. Los ojos se me llenaron de lágrimas al ver la emoción de Tao recibiendo aquella noticia. Empezó a dar saltos de alegría mientras me pedía a gritos el teléfono para enviarle un audio:

—Uriel, estoy muy feliz de que tengas una mamá y un papá que cuiden de ti. ¡Ahora ya sois una familia! —le decía con una enorme sonrisa y alegría sincera que a mí me hacía explotar el corazón.

En ese momento me di cuenta de que mis hijos habían comprendido a la perfección la situación de sus amigos, pero eso no hizo que cambiara su relación con ellos. No les miraron con pena, ni se sintieron superiores, ni aprovecharon eso para hacer daño; porque eran sus amigos. Los niños siempre dando lecciones de vida.

Nuestro recorrido por Perú continuaba con rapidez entre altos pasos de montaña y mujeres vestidas con sus trajes tradicionales. En varias ocasiones montamos en el camión a campesinas que volvían a casa después de un largo día de trabajo. La mayoría no hablaban castellano; aun así una de ellas nos indicó unas termas de un pueblo donde podíamos pasar la noche a 4.000 metros de altura. El lugar estaba casi deshabitado, tan solo se veía una diminuta tienda con una joven al lado de las termas. Bajamos a preguntar y la vendedora nos dijo que a esa hora estaban cerradas pero mañana temprano podríamos darnos un baño. La voz suave con la que hablaba, la mirada profunda de unos oscuros ojos negros y su sonrisa sincera me cautivó. Tomé con confianza un taburete que había por ahí y me senté a su lado a conversar mientras los niños jugaban con un corderito color gris que tenía. Esa tarde nos contamos la vida, tan distinta la una de la otra, aunque tan conectadas con la esencia pura de nosotras mismas. Dos mujeres representando la realidad de la humanidad que transciende culturas, posición social, ideas políticas, religión o educación.

Al día siguiente mi gran amiga Sonia ya no estaba, y nosotros teníamos prisa por llegar a Cuzco porque esa misma noche aterrizaban mis padres. Me fui de aquel lugar pensando en aquellas personas que aparecen en nuestras vidas para regalarnos instantes importantes. A veces aparecen para compartir un momento íntimo como el de ayer, otras para aportar información valiosa sobre el siguiente destino; otras simplemente para regalarnos una sonrisa tras un duro día de carretera. Personas importantes en un instante fugaz.

Los yayos

Los niños están muy exaltados esperando a los yayos (así llaman ellos a los abuelos maternos) por la única puerta de salida que tiene el aeropuerto de Cuzco. Saltan de un lado a otro, gritan, se tiran por el suelo; comienzan a salir los pasajeros mientras aumenta la intensidad de los saltos de mis hijos. Pero mis padres no aparecen, seguramente están recogiendo las maletas o hasta puede que se las hayan perdido en Lima. Empecé a ponerme nerviosa cuando ya no había más pasajeros y la tripulación del avión comenzó a salir. Dani y yo nos miramos preocupados mientras los niños me alteraban aún más preguntado cada dos segundos:

—¿Y los yayos?, ¿dónde están los yayos?

Miré el móvil esperando alguna noticia. No había nada. De un salto me metí corriendo en el aeropuerto que estaba a punto de cerrar, en busca de alguien que pudiera darme información sobre mis padres. Me desesperé al comprobar que todas las casillas estaban ya cerradas, cuando, a un lado, vi a dos azafatas que bajaban por las escaleras mecánicas. Con los ojos suplicando ayuda les pregunté:

—¡Por favor! ¿Podría decirme si ya han salido todos los pasajeros? Mis padres viajan desde España y tenían que venir en este vuelo.

Las dos azafatas se miran y con cara de pena contestaron:

—Sí, ya han salido todos los pasajeros.

Noté cómo el corazón se me aceleraba y la mente se me nublaba. Me quedé en blanco y me sentí como una niña de 5 años a la que sus padres no han llegado a tiempo a recogerla al colegio.

—Mamá, ¿y los yayos? —aparecieron los niños devolviéndome a la realidad.

No podía dejar escapar a esas dos azafatas que eran las únicas que podrían darme algún tipo de información.

—¡Por favor! —les supliqué— ¿podrían decirme al menos si mis padres se subieron al avión de Madrid a Lima? Necesito saber qué ha pasado.

Estaba claro que las azafatas tenían ganas de irse a descansar, pero miraron las caritas de mis hijos suplicando saber algo de sus abuelos y nos brindaron su ayuda.

—En teoría no puedo darte este tipo de información, pero… voy a hacerlo por los niños. —Se metió en el ordenador para confirmarnos que sí habían tomado el avión de Madrid a Lima, pero el de Cuzco no. También me tranquilizó diciéndome que seguramente no les hubiera dado tiempo a recoger las maletas, pasar aduanas y tomar el avión, ya que en esa época del año había muchos turistas.

Agradecí hasta el infinito su ayuda. A pesar de que seguía con la preocupación en el cuerpo, al menos tenía una vaga idea de lo que podía haber pasado. Lo que no entendía era por qué mis padres no daban señales de vida.

Buscamos un aparcamiento frente al aeropuerto para intentar descansar algo y volver a las seis de la mañana, cuando aterrizaba el primer avión procedente de Lima. Yo me pasé la noche en vela debatiéndome entre llamar o no a la embajada. Escribí a mi hermano, él tampoco sabía nada. Yo pensaba: si han pasado la noche en un hotel, lo normal es que tengan wifi con el que comunicarse, aunque también sabía que las nuevas tecnologías no eran el fuerte de mis padres. Esa debía de ser la explicación por la que no se habían comunicado con nosotros. Aún así, seguía preocupada pensando otras posibilidades más dramáticas. Por la noche siempre aparecen los peores fantasmas.

A las 5:45 am, cuando ya me dirigía al aeropuerto, suena una notificación en el móvil. Mi corazón se detuvo un instante a la expectativa, ¿quién será?, ¿con qué noticia? El teléfono tintineó de nuevo repetidas veces. Con la mano temerosa agarré el celular para comprobar que era el número de mi padre:

—Hemos perdido el vuelo —leí. Me volvió el alma al cuerpo—. Llegamos a las 10:30 am de mañana —es decir, hoy. Respiré tranquila y regresé al camión a prepararme una enorme taza de café.

Se despertaron los niños preguntando si ya habían llegado lo yayos.

—Tenéis suerte, aterrizan dentro de una hora y podréis ir a recogerlos al aeropuerto.

—¡Yayos!, ¡yayos!, ¡yayos! —corearon los tres al unísono.

Cuando mis padres aparecieron por la puerta noté cómo el peso de la tensión se desvanecía de golpe, hasta me temblaron las piernas. Solté la mano de Erik, que salió corriendo a saltar a los brazos de mis padres junto a sus hermanos. Todos habíamos olvidamos la mala experiencia del día anterior.

Los veinte días que pasamos juntos fue una recarga de amor y cariño para todos, aunque no faltaron discusiones. Los abuelos son los grandes damnificados de este sueño que, además, no entienden ni comparten.

—Los niños están muy bien, la verdad, pero necesitan amistades estables y duraderas —insisten mis padres siempre que pueden.

—¿Por qué? Las amistades que yo conservo son de la universidad en adelante. Tuve buenos amigos en mi infancia, pero también los tienen ellos —replico.

—Lo que tienen no son amigos de verdad —me suelta mi padre.

—¿Cómo mides tú a tus amigos? ¿Por la cantidad de tiempo que pasas con ellos? Porque yo no, la amistad no entiende de tiempo ni distancia; y mucho menos en los niños, que viven todo con mayor intensidad. Tao y Dhara se acuerdan de todos los amigos que han hecho en el viaje.

Los distintos puntos de vista asoman de vez en cuando pero no empañan el tiempo compartido juntos. Hace mucho tiempo que sé que mis padres y yo no tenemos los mismos ideales de vida. De joven me enfadaba, intentaba que entraran en mi razón, en lo que yo creo que es la vida. Con el paso de los años me he dado cuenta de que cada cual puede tener opiniones diferentes y seguir manteniendo una buena relación. Cada uno es libre de pensar lo que quiera; lo que importa es el cariño. Sin embargo, había algo que a Dani y a mí nos molestaba mucho: el que metieran a los niños cosas en la cabeza con la intención de sabotear nuestra decisión. Tanto fue así que el último día Dani explotó en una discusión con mi madre que nos dejó a todos mudos. Él sabe que a mí me afecta lo que digan, recuerda que un día me hicieron volver de Asia a tener al bebé en España; no estaba dispuesto a volver a pasar por lo mismo. Tiene razón, ellos hacen que yo me cuestione muchas cosas, al fin y al cabo son mis padres.

Sé que la vida que hemos escogido no es perfecta, como no lo es ninguna; elegir significa renunciar. Cuando dejas que la vida sea la que tome las decisiones por ti, es fácil, porque no tienes ninguna responsabilidad; lo difícil es tomar las riendas y escoger: cuando lo haces, estás renunciando voluntariamente a otras cosas, también importantes. En esos momentos de duda, el corazón y la intuición son los mejores guías. Para mí, en cuanto veo la felicidad de mis hijos creciendo en libertad, sé que estamos en el camino correcto.

Los días con los abuelos transcurren entre la emocionante visita a Machu Picchu, parques arqueológicos del Valle Sagrado y Cuzco. Además tuvimos la suerte de ver los espectáculos que se hacen en esta ciudad para conmemorar el Inti Raymi cada solsticio de invierno. Aunque lo más bonito fue celebrar el segundo cumpleaños de Erik en familia, recibiendo todas las atenciones de sus abuelos, quienes lo miman sin mesura.

—¿Qué tarta quieres, cariño? —le preguntan delante de un mostrador con enormes pasteles.

—¡Eta! —dice Erik con su lengua de trapo al tiempo que señala la más grande de todas.

Poco importó mi negativa a llevarnos la gigantesca tarta, los yayos salieron de la pastelería con el consentido nieto en unos brazos y el pastel en otros.

Erik se gana a todo el mundo con facilidad gracias a su pícara sonrisa. Le encanta conocer gente nueva; sobre todo, le gustan las *camper* de otros viajeros, sabe que siempre encuentra una cálida bienvenida con alguna galletita para darle. Así que los abuelos no pueden estar más contentos de consentir al pequeño de la familia, el cual les devuelve una de sus amplias sonrisas.

Pero la visita de los yayos llega a su fin, dejándonos un gran vacío. La separación con nuestras familias es el precio que tenemos que pagar por llevar este estilo de vida; la verdad, no es fácil. Mi madre dice muchas veces que soy una desarraigada, si bien yo no me veo así. Para mí soy como un globo al que le han atado una cuerda muy larga dándole la libertad de volar lejos, pero con un nudo bien sujeto a la tierra.

Volvemos a rodar

Con los corazones encogidos por la separación volvemos a la ruta en silencio, tan solo Erik juega ajeno a la despedida. Sabemos que no podemos hacer demasiados kilómetros, así que paramos en unas termas cerca de la ciudad protegidas por imponentes montañas. No es el paraíso, aunque a mí me lo parece: allí nadamos, jugamos, nos reímos, nos abrazamos…; en definitiva, disfrutamos en familia. Volvemos a estar solos y nos sentimos bien. Me fascina ver la amistad que existe entre Tao y Dhara, ya que no siempre ha sido así. Ser el hermano mayor no es fácil, sobre todo cuando te conviertes en él con tan solo año y medio. Cuando Dhara nació, Tao era un bebé al que el mundo se le vino encima con la llegada de una intrusa, y la casa entera enloqueció. Fueron momentos duros en los que Dani y yo nos preguntábamos si habíamos hecho bien trayendo al mundo una hermanita tan pronto. Tuvieron que pasar dos años para que Tao viera en su hermana a una aliada, en lugar de a una enemiga. Fue precisamente cuando viajamos al Sudeste Asiático. Allí empezaron a tramar trastadas juntos, mientras nosotros mirábamos hacia otro lado porque preferíamos verlos así, unidos y «haciendo el mal», que peleados entre ellos. Desde aquel momento su relación mejoró hasta convertirse ahora en los mejores amigos. Me pregunto si esto sería igual con nuestra rutina en Madrid en la que cada uno iba por su cuenta. Yo creo que no, pero eso nunca lo sabré.

Las semanas siguientes transcurrieron muy entretenidas conociendo un país de gran diversidad como lo es Perú, aunque salir de las montañas no fue tarea fácil para Rum-Rum. Un sube y baja de puertos que nos situaban a 4.500 metros de altura un día sí y otro también ponían al límite su motor y nuestros pulmones. Después de varios días de curvas imposibles descendimos hasta las rectas de Nazca, donde paramos a ver sus famosas líneas, para continuar después hasta un desierto de dunas espectaculares con un pequeño oasis en medio. Estábamos en Huacachina. Nos quedamos solo un par de días porque llevábamos seis meses sin ver el mar y teníamos ganas de él.

Condujimos hasta la reserva nacional de Paracas sin haber mirado ninguna foto y la sorpresa fue enorme:

—¿Cómo hemos llegado a Marte? —le dije a Dani sin dejar de mirar por la ventanilla. Aquel paisaje no se me asemejaba a ningún otro que hubiera visto en la Tierra, me recordaba más bien a las imágenes de la NASA. El mar pasó a un segundo plano, ¡estábamos en Marte!

Allí coincidimos con otras dos familias viajeras que se convertirán en un pilar importante el resto de la ruta por Sudamérica. Los siete niños juegan en la playa; los adultos charlamos, aunque Dani se queda en el camión editando el vídeo de la semana. Últimamente se pierde muchos momentos de compartir con otras personas por estar trabajando. Nunca fuimos conscientes de la cantidad de horas que suponen las redes sociales, ni de la dificultad, sobre todo si estás en continuo movimiento y conviviendo 24 horas con tus pequeños. Algunos viajeros que se mantienen bien vendiendo artesanías no entienden que le dediquemos tantas horas a algo que ni siquiera nos está generando ingresos. Yo también me hago la misma pregunta una y otra vez, si bien Dani tiene claro que es un camino que debemos recorrer: paciencia Marta, paciencia. Su capacidad de trabajo es sorprendente.

Cuando regreso al camión con los niños para dormir, me dice:

—Se ha quemado el cargador de mi ordenador.

—¿Qué? ¡Pero si no tiene ni tres meses! —le digo con cara incrédula.

—Mira —me dice mientras me enseña el cargador carbonizado.

—Dani, eres un jefe demasiado exigente. ¡Lo has quemado, tal cual! —intento poner un poco de humor al asunto, sabiendo que esto nos va a volver a retrasar.

Dejamos a nuestros nuevos amigos en la costa, para llegar a la ciudad más cercana en busca de otro cargador. La historia se repite: no conseguimos encontrar lo que queremos, por lo que debemos pedirlo a Lima para que nos lo envíen a...

—Dani, esta ciudad es horrible. Como nos tengamos que quedar aquí dos semanas me da algo —le digo preocupada—.

Pídeles que te lo envíen a Huaraz, que está en la cordillera Blanca, podemos llegar allí en dos días.

La idea de volver a meter a RumRum en altura no le hace mucha gracia; en cambio, la tentación de conocer la segunda cordillera más alta del mundo, después del Himalaya, bien vale el riesgo. El alpinista fantasea con subir montañas, olvidándose de que tan sólo hace una semana RumRum nos había dejado tirados en lo alto de una de ellas.

—OK, vámonos para allá —me dice con una sonrisa en la cara.

El cargador quemado vuelve a ser un traspiés en nuestro camino por conseguir seguidores en Youtube. Sabemos que la constancia es clave, pero los medios en el viaje no siempre acompañan. A veces es la falta de conexión a internet; otras, el propio equipo audiovisual.

Nada más llegar a Huaraz recibimos el mensaje de un español que está allí escalando, como muchos otros. Se trata de Manu, un compañero de cordada de los conocidos Hermanos Pou, escaladores de élite que han venido a abrir algunas vías. Menudo regalo que acaban de proporcionarnos las redes; dinero aún no nos da, pero estas amistades valen oro. Quedamos en vernos en unas termas y, ¡tachán!, surgió el amor. Manu e Iker Pou se ganaron a los niños jugando hasta reventar en la piscina y saltando en colchonetas como solo la energía de niños o deportistas puede aguantar. Eneko Pou me conquistó conversando, Dani se pegó a su camarógrafo Alexander, quien, además de enseñarle, nos hacía reír a todos. Después de ese primer encuentro, la familia al completo quiere volver a verlos; hacemos todo lo posible para pasar el resto de los días juntos. Los metemos a todos en el camión para llevarlos a escalar a Hatun Machay, un bosque de rocas que no sale en las guías de viaje, pero sí en las de escalada. El viaje lo pasamos cantando *Un elefante se balanceaba sobre la tela de una araaaaña…* y jugando a cualquier cosa con tal de divertir a los niños haciéndolos sentir parte del grupo. La calidad humana de estas personas se nota en los detalles, siempre atentos a nuestros hijos que hablan con ellos de igual a igual. Los niños se sienten tan felices como los padres.

Llegamos a Hatun Machay, donde solo hay gente que duerme en tienda de campaña, cargan cuerdas, chapas y mosquetones de un lado a otro… El ambiente de escalada siempre me ha gustado: gente sana divirtiéndose y esforzándose en pleno contacto con la naturaleza.

—Tao, Dhara, ¿queréis probar? —le pregunta Iker a los niños.

—¡Yo sí, yo sí! —grita Tao con entusiasmo.

—Sí —contesta Dhara con una sonrisa tímida.

Manu e Iker improvisan unos arneses de niño con los suyos mientras nosotros les miramos con una sonrisa de oreja a oreja. Menudos maestros hemos encontrado para meter la semillita de la escalada a nuestros hijos. En este tiempo que llevamos de viaje nos damos cuenta de que hemos pasado del *homeschooling* al *worldschooling*, donde el propio mundo es su escuela. Durante el camino nos encontramos con maestros improvisados, personas de todo tipo que, sin darse cuenta, les trasmiten a los niños sus conocimientos de la forma más natural. Hemos tenido como maestros a cocineros, artesanos, biólogos, escaladores, paleontólogos, surfistas, pastores, antropólogos, granjeros… Cada una de las personas que nos encontramos han enseñado algo a nuestros hijos y a nosotros mismos. Además, estos maestros aparecen inmersos en la mejor escuela, la propia naturaleza, donde observamos todo tipo de animales, clima o geografía, despertando en los niños una curiosidad desbordante.

A pesar de lo que compruebo que mis hijos están aprendiendo, la duda, el miedo a un futuro problema de integración en la sociedad, hacen que yo siga peleándome por conseguir mantener el ritmo de la educación reglada en España. Mi lucha interna es brutal. Hacia fuera defiendo el discurso de que están aprendiendo más en el viaje que en un colegio tradicional; si bien, de puertas adentro de RumRum, exijo un mínimo de trabajo que nos lleva a grandes discusiones familiares. Siento una enorme frustración cada vez que intento hacer un poco de Matemáticas y Lengua con ellos cada mañana. Hay días buenos donde todo fluye, pero otros en los que se niegan a hacer nada. Intento calmar las aguas cambiando la actividad o proponiendo algún trato, pero hay veces que ni eso funciona. Entonces empiezo a notar como, poco a poco, se me calienta la sangre al tiempo que me sube a la cabeza haciendo que estalle como un volcán.

—¡Os pasáis el día jugando sin hacer nada! ¡Solo os pido un poco de trabajo! —grito como una histérica expulsando toda mi frustración por la boca.

Los gritos no han ayudado, conque terminamos todos enfadados y con los niños exclamando:

—¡Odio el colegio!

Me doy cuenta de que, en efecto, tienen conocimientos muy diversos, distintos a los de otros niños de su edad; me preocupa, en cambio, que van muy atrasados en lectoescritura. Tao se niega a leer, frustrando todas mis tácticas, haciéndome sentir que estoy fracasando en mi labor como maestra. Acepté el reto y siento que lo estoy perdiendo.

El tiempo en Huaraz transcurre rápido entre lagos, escalada y risas. Todos allí somos viajeros y sabemos que la amistad que nos ha unido continuará, porque no es el tiempo transcurrido juntos: es la intensidad con la que se vive.

Nos despedimos con un hasta pronto y volvemos a bajar hacia la costa, donde nos esperan las dos familias viajeras con las que coincidimos en Paracas. Nos hemos acostumbrado a las despedidas porque sabemos que siempre hay alguien que nos espera en el próximo destino. Durante las horas de carretera Dani y yo aprovechamos para hablar de nuestros proyectos, nos preocupa que el tiempo pasa y seguimos sin generar ingresos. Yo soy un poco agonías, mientras Dani con tranquilidad me dice:

—Confía. Lo vamos a conseguir, estamos empezando.

—Llevamos ya ocho meses de viaje, pero las redes suben muy poco a poco. Trabajamos un montón, sobre todo tú, y no sé hasta cuándo vas a aguantar con este ritmo. No puedes acostarte tan tarde todas las noches, no es viable, te va a dar algo —le digo yo preocupada.

—Puede ser, pero de momento yo estoy bien, me apasiona lo que hago —contesta con cara sonriente.

—Mira la familia argentina. Ellos viajan haciendo vídeos en hoteles, podríamos hacer nosotros lo mismo. Quizás empezando haciendo algún intercambio, por lo menos para ahorrar en las experiencias. Ahora en la costa hay avistamiento de ballenas, ¿quieres que intente un canje? Les hacemos un vídeo de 30 segundos y alguna foto a cambio de que nos lleven a todos a la excursión —le propongo.

—Vale, me parece bien como inicio, para tener algún trabajo que mostrar. Además, así podremos hacer cosas interesantes sin gastarnos el dineral que cuestan este tipo de actividades turísticas.

Mientras él pronunciaba estas palabras, yo ya estaba buscando las agencias que hacían un avistamiento de ballenas de forma responsable. Preparé un bonito mensaje, conseguí una cita con una de ellas. ¡Bingo! Parece que estamos de suerte.

En la playa de Órganos, al norte de Perú, muy cerca de la frontera con Ecuador, nos esperaban las dos familias: «Nunnu.bus», familia argentino-coreana con dos niños; y «Jugados por América», también argentinos, con otros dos peques.

Convivir con otras familias viajeras es muy saludable para los adultos: por un lado nos liberamos, porque los niños juegan juntos; por otro, podemos hablar abiertamente, ya que nos entendemos a la perfección. Ocurre que cuando conoces a otras familias que han tomado la misma decisión que tú, también tienen los mismos conflictos y dudas. Con ellos podemos compartir de forma sincera, nos sentimos comprendidos. También los niños se entienden con rapidez, suelen ser muy abiertos, con ganas de hacer nuevos amigos.

—Mañana vamos a ver las ballenas —les decimos mientras los niños juegan en la arena—. Hemos conseguido nuestro primer intercambio y estamos muy contentos, a ver si empezamos a trabajar de esta forma.

—Mucha suerte, ya nos contaréis —nos animan nuestros amigos.

Aquella mañana nos despertamos antes que el sol, con la ilusión de ver estos grandiosos animales en su hábitat natural. Tao no dejaba de hablar durante todo el camino. Yo, que aún estaba con los ojos hinchados, le pedía que se tranquilizara; era misión imposible: Tao no callaba, mientras corría de un lado a otro.

Al llegar al puerto comprobamos con alegría que nuestro barco era el más bonito. Contaba, además, con un biólogo marino encargado de las explicaciones, al mismo tiempo que velaba por unas buenas prácticas. A los pocos minutos de zarpar grita:

—¡Allí, a la derecha, una ballena!

Tuve que esforzarme para sujetar a mis tres hijos que se lanzaron a estribor al unísono. La ballena nadaba tranquila, majestuosa, mientras los niños gritaban de emoción señalando cada movimiento.

—¡Ooooooh! —exclamaba todo el barco a coro cada vez que la ballena nos mostraba la aleta de cola al meterse bajo el agua. Parecía que se despedía de nosotros hasta volver a aparecer de nuevo un poco más adelante. Así estuvimos un tiempo hasta que el biólogo consideró que debíamos dejarla tranquila para no estresarla. Entonces veo a Dani aparecer con la cara desfigurada, el mando del dron en una mano, mirando al cielo intentado aterrizarlo en la otra. Le pide a gritos al capitán del barco que pare el motor, al tiempo que corre a la proa estirando el brazo lo máximo posible para atrapar el dron.

—¡Nunca más, nunca más! —viene hacia mí resoplando todavía con la cara de agobio—. No vuelvo a *volar* en un barco, no era capaz de ver dónde estaba el dron para traerlo de vuelta. Buscando la ballena perdí de vista la embarcación y no tenía ninguna referencia, todo se veía azul. ¡Qué mal lo he pasado!

—No has disfrutado nada, ¿verdad?

—¡Qué voy a disfrutar! He podido grabar un poco la ballena, después lo he pasado fatal —contesta todavía palpitante.

—Siéntate aquí y relájate.

El barco se fue acercando hasta una antigua plataforma petrolera llena de vida donde habita una colonia de leones marinos junto a pelícanos y varias especies de aves. El lugar parece sacado de una película de Disney, con todos los animalitos sentados en la plataforma mirando con tranquilidad hacia el barco cargado de cámaras que disparan sin piedad buscando la mejor foto. Algún león marino regala a los afanados turistas un salto al agua para amenizar aún más la escena.

Entonces el biólogo se acerca a Dani y le dice:

—Si quieres, puedes volar el dron, vamos a estar parados.

Dani ya está más relajado; piensa: bueno, le doy una sola vuelta a la plataforma y lo guardo. Desaparece detrás de nosotros para volver a los dos minutos:

—Lo he perdido —dice con total tranquilidad.

Yo lo miro sin saber a qué se refiere. Continúa:

—Un pájaro se ha lanzado sobre él y lo ha picado al agua.

Yo no sé si es en broma o en serio porque está de lo más sereno. Tengo a Erik en brazos, que se mueve de un lado a otro para ver el espectáculo, haciendo que no le preste atención a lo que Dani me acaba de decir. La expresión de su cara es distante, acabamos de perder el dron en el fondo del mar.

Pasamos el resto del día intentado disfrutar, para que los niños aprovechasen el tour viendo tortugas y un museo marino. Mas por dentro estamos derrotados.

—¿Por qué está pasando todo esto? Me refiero a los obstáculos que de forma continua se presentan cada vez que empezamos a coger ritmo. Estamos genial en el viaje pero en lo profesional no conseguimos arrancar. No sé si la vida nos está queriendo decir algo, no es normal que tengamos tantos percances con el equipo —le comento a Dani preocupada, pero él no parece querer hablar del tema.

Escuela de Ayampe, Ecuador

Salimos al día siguiente hacia Ayampe, un pequeño pueblo costero de Ecuador donde haremos una parada de un mes. Tenemos por delante unos cuatro días de carretera, además del cruce de frontera. La tensión se puede cortar con un cuchillo; los niños no dejan de hablar de la experiencia de las ballenas, mientas Dani y yo les escuchamos en silencio. Solo queremos llegar a nuestro nuevo destino con la esperanza de que nuestra suerte laboral empiece a cambiar. Estamos felices con nuestra nueva vida, pero no conseguimos estabilizarla; si no logramos ingresos, tendremos que abandonarla. Por eso esta parada debe servirnos para analizar el punto en el que estamos, así como fijar objetivos a corto y medio plazo. Ahora mismo llevamos varios meses subiendo cada semana un vídeo a Youtube con resultados francamente frustrantes. Y la primera experiencia para conseguir trabajos en hoteles, restaurantes y experiencias turísticas había terminado con el dron en el fondo del mar. Estábamos teniendo más gastos de los previstos, debíamos continuar trabajando y valorar diferentes alternativas.

Ayampe nos recibió de forma extraña: el pueblo era fantástico, pero no teníamos un lugar donde aparcar a Rum-Rum. No entendíamos por qué no nos dejaban estacionar en la playa o en la plaza, como en el resto de los lugares donde habíamos estado. Más tarde comprendimos que Ayampe está gestionada por la propia comunidad que quiere mantener el pueblo tranquilo y controlado. Esto hizo que tuviéramos que buscar un nuevo intercambio, el cual conseguimos con un camping con cabañas frente al mar; nos dejaban aparcar, usar la electricidad y las duchas a cambio de que les hiciéramos la página web. Aproveché los conocimientos aprendidos en el curso que seguí para crear nuestra propia página cuando estábamos en Madrid, con el fin de lanzarme con mi primer trabajo como diseñadora. ¿Quizás pueda ser esta otra fuente de ingresos en el futuro? Realmente el saber no ocupa lugar y uno nunca sabe cuándo tendrás que poner en práctica tus conocimientos.

La familia argentino-coreana decidió hacer lo mismo que nosotros, inscribiendo a su hijo mayor también en la escuela. La mamá y yo nos turnábamos cuidando a los pequeños de las dos «casas» a fin de tener, al menos, una mañana libre cada una. Con los planes arreglados en tres días, Tao y Dhara empezaron la escuela.

—¡Mamá! En el cole me han prestado este libro sobre ballenas —viene Tao corriendo con un libro en la mano el primer día de clase—. Lo tengo que devolver mañana, porque dice la profe que no se prestan los libros para leer fuera de la escuela; pero, como me ha visto muy ilusionado, me lo ha dejado.

Comimos todos juntos mientras Dhara y Tao nos contaban entusiasmados lo bien que les había ido el primer día.

—En este colegio no tenemos que estar todo el día sentados como en el de Madrid. Podemos elegir lo que queremos hacer entre varias cosas.

—¿Y qué habéis elegido? —les preguntamos nosotros con curiosidad.

—Yo he estado investigando sobre las ballenas; después he hecho un dibujo. ¡Tienen una colección entera de animales! —exclamó Tao—. Este libro que me han dejado es sobre las ballenas jorobadas, como las que vimos en Perú.

—¡Nosotros hemos hecho pan! —continúa Dhara con felicidad.

Sus caras reflejan lo vivido en la escuela. Les pregunto si quieren ir por la tarde a la playa o al parque. Tao me contesta que prefiere quedarse leyendo el libro de las ballenas.

—Me parece muy bien —contesto yo, atónita, sin querer hacer demasiados aspavientos, no vaya a ser que cambie de opinión.

Después de ese libro le siguió otro de animales de la Antártida; luego otro de guepardos. Así hasta el día de hoy, cuando puede pasar rachas en las que se lee libros enteros en dos tardes, a otras en las que no lee absolutamente nada. Aquello me ayudó a despreocuparme por el ritmo de enseñanza de cada uno, para centrarme más en sus intereses y en las experiencias que están viviendo. La lectura, que yo llevaba tiempo intentando y que me generaba mucha frustración, había llegado de forma natural con el simple interés del niño. Sin embargo, la falta de confianza, unido a la presión social, no dejan que me relaje. Ahora que escribo estas líneas, me doy cuenta de que sigo atascada en el mismo proceso. Lo que antes era la lectura, ahora se ha disfrazado en tablas de multiplicar, no consigo estar en paz con la educación.

Los días pasaban con alegría en Ayampe, entre mañanas de trabajo y tardes en la playa. Dormimos con el sonido de las olas que rompen a pocos metros de nosotros y despedimos atardeceres con ballenas saltando entre la orilla y el sol. Paseamos por el pequeño pueblo conociendo cada vez a más personas que nos hacen sentir parte de él. Entiendo por qué la gente se queda atrapada en este rincón del mundo que poco a poco ha ido creando una comunidad en armonía con el lugar. No obstante, con el paso de los días me doy cuenta de que, en vez de sacarme trabajo, se me está acumulando. Esta sensación de «no llegar» está conmigo omnipresente desde que soy madre. Ahora, en cambio, lo acepto con mayor tranquilidad.

Se acerca el cumpleaños de Dhara, yo me afano en preparar juegos, alguna búsqueda del tesoro y pruebas para mantener a los niños entretenidos. Mientras tanto me viene a la mente la noche en la que Dhara llegó al mundo. Di a luz de pie, con la matrona esperando en silencio mientras Dani me acariciaba la espalda. Sentía la fuerza de la vida partiendo mi cuerpo en dos para salir al mundo. En esos momentos me regalé a la voluntad de mi cuerpo, sin miedo, con un instinto que sentía profundamente animal. Llegué a perder el control de mí misma, que recuperé gracias a la respiración. Estaba presente, conectada a Dhara, aunque en un plano distinto a la realidad. Sabía que la matrona y Dani estaban allí, pero para mí estábamos las dos solas, sintiéndonos la una a la otra sin nadie que nos dijera lo que teníamos que hacer porque las dos conocíamos el camino. Desde entonces Dhara ha llenado nuestras vidas de sonrisas que nunca se apagan, consiguiendo apaciguar las mayores tormentas.

Los avis

El mes termina despidiéndonos de nuestra vida tranquila, rutinaria, para regresar a la ruta y a la incertidumbre de no saber lo que vendrá detrás de cada curva. Así es el viaje, un baile de lugares, gente, energía que nos envuelve para soltarnos de nuevo. Esa es la riqueza de esta experiencia, manteniéndonos siempre con las emociones a flor de piel. Nos vamos satisfechos por lo vivido, tristes por la despedida, pero felices porque vamos a recibir a los *avis,* los abuelos paternos.

La bienvenida de los *avis* ha sido más tranquila que la de mis padres. Aparecieron tras la puerta de llegadas del aeropuerto, al tiempo que los niños corrían a saltar en sus brazos. ¡Qué bonito ver la relación de los nietos con los abuelos! Quienes en la vida se habrían imaginado viajando a Ecuador si no fuera porque el amor les empujaba a hacerlo. Tenemos por delante veinte días para recorrer un país que nos sorprenderá por su diversidad enorme en un territorio pequeño.

Empezamos llevándolos a Ayampe a que conocieran nuestro último hogar y del que todavía no queríamos despedirnos. Los niños les enseñaron su colegio mientras yo intentaba buscar otro intercambio para ver las ballenas; esta vez, sin exponer nuestro equipo. Los *avis* nos habían traído un dron nuevo que habíamos comprado en España; esta vez no pensábamos volarlo sobre el mar, jamás. Teníamos que conseguir un intercambio o precio asequible para todos sin correr riesgos. Para ello, lo mejor en estos casos es acercarse en persona a las agencias y hablar cara a cara sobre las opciones. Volvió a salirnos el canje y, felices, nos subimos en un pequeño bote para ver de cerca a unas ballenas que ya conocíamos desde la orilla. En esta costa de Ecuador las ballenas jorobadas vienen cada año a aparearse y tener a sus crías hasta que adquieren el peso suficiente como para regresar a las frías aguas del sur de Chile. Por eso es fácil ver a dos ejemplares juntos o a una mamá con su ballenato, como nos pasó a nosotros nada más salir del muelle de Puerto López.

—¡Mira, mira! —gritaba Tao exaltado arrimándose demasiado a las barandillas del barco.

El ballenato acababa de saltar delante de nosotros dejando al descubierto su lomo gris. La madre navegaba entre el barco y su cría para protegerla; ella, sin saltar, nadaba tranquila, recordándome a las mamás que vamos al parque a que nuestros pequeños jueguen mientras nosotras los observamos de cerca. Miro a mis hijos que han cambiado el parque de ciudad por el mundo; me inunda la emoción. Al ver que ellos gozan de esta experiencia, que pocos seres humanos han podido disfrutar, me doy cuenta de que su mundo se ha vuelto inmenso, siendo ellos tan pequeños, y un mundo inmenso está lleno de posibilidades.

El ballenato continuó haciendo piruetas delante de nosotros un buen rato: saltaba de un lado, saludaba con una aleta, con la otra, volvía a saltar, se sumergía…, así hasta que el capitán decidió marcharse para dejarlas tranquilas. Es difícil describir la emoción que uno siente ante tan majestuosos animales en su hábitat natural: el corazón palpita rápido, la piel se eriza y los ojos se humedecen. Notas cómo la emoción riega tus venas luchando por salir hacia fuera. Algo parecido a lo que se siente al presenciar un concierto de música clásica con todos esos violines, violonchelos y trompas tocando al unísono. Me encanta ver cómo la familia al completo apreciamos el regalo de la naturaleza, porque así es cómo mis hijos están aprendiendo a amarla y respetarla.

Dejamos la costa para ir hacia el interior a conocer la cordillera con sus volcanes. Sin darnos cuenta pasamos de estar al nivel del mar a casi 4.000 metros en un mismo día.

Craso error nuestro despiste. Nada más llegar al pueblo cercano a la laguna de Quilotoa, que planeamos visitar al día siguiente, mi suegra empieza a encontrarse muy mal. Buscamos lo más rápido posible un hostal en el que pueda descansar mientras nosotros nos quedamos en el camión aparcado enfrente. Preocupadísimos por su estado de salud, me acerco a una farmacia, donde me suministran unas pastillas para el mal de altura. Con rapidez regreso al camión y me encuentro a Dhara con fuertes dolores de cabeza; también se encuentra mal y termina vomitando. Le doy una pastilla recién comprada, las otras se las lleva Dani a su madre.

La noche promete ser larga en la habitación del hotel y dentro de RumRum, aunque a Dhara ya le ha hecho efecto el remedio y duerme tranquila junto a sus hermanos.

Enfermarse fuera del hogar es uno de los principales miedos de cualquier viajero. Aún más cuando los niños son los que padecen. En esos momentos la mente empieza a pensar en enfermedades tropicales graves, mal de altura, bacterias estomacales infecciosas y un sinfín de posibilidades alarmantes. El miedo campa a sus anchas en el terreno de lo desconocido. Recuerdo varias ocasiones en las que los niños pasaron una mala noche y nosotros nos preocupamos en exceso. En casa eso nunca nos hubiera pasado porque sabemos a lo que nos enfrentamos: algún virus estomacal, catarro o bronquiolitis en el peor de los casos. Lo cierto es que los niños pocas veces se enferman; pero, cuando lo hacen, saltan todas las alarmas. Ahora, la *avia* nos tenía bien preocupados, Dani pasó la noche buscando alternativas que favorecieran la salud de su madre.

A la mañana siguiente las dos se encuentran mejor, por lo que decidimos visitar la laguna de Quilotoa, hacer las fotos de rigor y bajar de altitud hasta Baños de Agua Santa, donde decidimos hacer campo base para que la *avia* se recupere del todo. El pueblo es muy agradable y desde allí hay muchas excursiones para visitar; entre ellas, el Pailón del Diablo, una cascada enorme con agua que baja con imponente furia. Se puede visitar la cascada desde dos puntos: uno que va por encima para observarla desde arriba, otro que se adentra hasta ella, pudiendo incluso verla desde dentro. Nuestra mente aventurera nos lleva por la segunda opción: tengo que pasar en cuclillas por un pequeño túnel de roca que termina justo detrás de la inmensa masa de agua que truena con violencia. Al llegar a ese punto la respiración se me cortó, casi creo que se me paró el corazón, haciéndome retroceder a los pocos segundos. Me impresionaba demasiado estar tan cerca de tremenda fuerza natural que podría acabar con mi vida en un momento. Temblorosa, pude sacar las fuerzas suficientes como para grabar un corto vídeo que mostraría orgullosa a nuestra audiencia. Desde atrás Dani se reía al verme la cara de susto. Por supuesto, nadie más de la familia se atrevió a adentrarse en aquel túnel.

Pasamos varios días tranquilos en Baños haciendo excursiones a muchas cascadas cercanas que cuentan con atracciones turísticas. Pero los días de visita de los *avis* se estaban terminando y antes queríamos ver la selva amazónica ecuatoriana. Volvimos a montarnos en RumRum para conocer, junto a los abuelos, un paisaje muy distinto al que llevábamos recorrido. En la selva nos esperaba el calor húmedo, monos, muchos mosquitos, cultura y gastronomía distintas, más una excursión en barco que nos llevaría hasta un refugio de animales salvajes. Allí nos explicaron que la mayoría de los ejemplares procedían de personas que los compraban cachorros para tener como mascotas en sus casas, pero al crecer se daban cuenta de que no podían cuidar de ellos. Otros provenían de zoológicos o lugares que los utilizaban como reclamo turístico. En el refugio intentaban introducirlos de nuevo en la selva, aunque no todos lo lograban. Esas explicaciones tuvieron un fuerte impacto en los niños:

—Mamá, no quiero ir nunca más a un zoo —dice Tao con amargura.

—Claro que no, hijo, vamos a seguir viendo animales, pero todos en su hábitat natural. También podemos venir a refugios como este donde nuestra contribución los ayuda a seguir con su labor.

—¿Por qué la gente quiere tener animales salvajes en su casa? Ellos necesitan estar en la selva —pregunta Dhara con tristeza.

—Así es, pero no todo el mundo es consciente del daño que les están haciendo. Es probable que los quisieran cuidar de verdad, sin darse cuenta de que estos animales deben vivir libres. Seguro que han aprendido la lección y no lo volverán a hacer —contestamos, intentando no juzgar a las personas que han hecho tanto mal a estos seres; todos cometemos errores, muchas veces de forma inconsciente.

Si la visita de los *yayos* fue sobre todo cultural, la de los *avis* fue mayormente ambiental, recorriendo diversos parajes naturales y viendo animales de todo tipo.

Atrapados

Despedimos a los abuelos en el aeropuerto de Quito, desde donde nos fuimos directos a Mindo, un pequeño pueblo al que nos ha invitado una familia que vive en una reserva donde practican todo tipo de actividades interesantes a nivel espiritual y educativo. Pero tenemos poco tiempo para disfrutar de la Reserva Munay, ya que en Colombia nos aguarda un amigo de Dani, así que planeamos una visita de pocos días.

—¡Ja, ja, ja! —se reía de nosotros la vida a nuestras espaldas—. ¿Aún no os habéis dado cuenta de que los planes los hago yo?

La familia formada por una colombiana, un holandés y dos hijos ecuatorianos nos recibe con los brazos abiertos. Los niños se hacen grandes amigos, en seguida juegan libres en el frondoso bosque que rodea la casa y se bañan en la laguna que hay a pocos metros de ella. Parecen sacados de «El libro de la selva», construyendo botes de bambú para la laguna, subiéndose a todos los árboles, ayudando a guardar las gallinas, recolectando fruta, rodando por el barro tras la lluvia, corriendo de arriba abajo sin que nos dé tiempo a verles; en definitiva, sintiéndose los niños más libres y felices del planeta. Mientras tanto los mayores congeniamos a nuestra manera, charlando mucho sobre la decisión de vivir de forma alternativa, más en contacto con la Tierra. Me encanta conocer a gente que tiene las ideas claras sobre el tipo de mundo que quiere construir para sus hijos. En este pequeño pueblo de Ecuador, esta familia dedica gran parte de sus recursos a proteger el ecosistema donde viven y a trabajar de forma justa con las comunidades originarias. En la mayoría de los casos nos quedamos en palabras pero esta familia había conseguido poner en práctica lo que promulgaban. Al final, se trata de cumplir los sueños que cada uno de nosotros llevamos dentro.

La finca está en plena ebullición, construyéndose nuevos espacios; hay trabajadores por todos lados. Un día uno de ellos comenta:

—Hay que cargar hoy el combustible, porque el presidente ha anunciado que mañana elimina el subsidio al carburante.

—¿Mañana mismo? Así ¿sin apenas avisar?... ¡No puede hacer eso! ¡Imagínate lo que supondrá para la economía de muchísimas familias, transportistas, etc! —responde Laura, nuestra anfitriona.

Dicho y hecho. Al día siguiente el presidente de Ecuador eliminó el subsidio a los carburantes como parte de un paquete de medidas económicas, lo que no gustó a la población. Los transportistas, junto a las organizaciones indígenas, no tardaron en responder saliendo a cortar las principales carreteras del país. De la noche a la mañana nos habíamos quedado encerrados en Ecuador. Por suerte lo hacíamos en la Reserva Munay, en donde habíamos pasado de ser invitados temporales a indefinidos. Nadie sabía con certeza cuánto tiempo iba a durar aquello, porque cada día que pasaba las relaciones empeoraban, las posiciones se hacían más extremas, aumentaba la violencia en ambos bandos. Los extranjeros que estábamos de paso en el país comenzamos a conectarnos para conocer de primera mano la situación e intentar encontrar alguna salida. Muchos se habían quedado atrapados en zonas conflictivas y las embajadas empezaban a sacarlos mediante formas que parecían propias de una película de Hollywood. Recuerdo una española que me contó como a ella y a otros europeos los llevaron en diferentes ambulancias de pueblo en pueblo hasta llegar a una zona libre de barricadas, pero con peligros de narcotráfico, por lo que debieron

—además— ser escoltados con varios coches de personal fuertemente armado.

En esos momentos yo estaba también en contacto con Beatriz Viaño, la corresponsal de RTVE en la zona, quien me narraba situaciones de mucha violencia. Al poco de estallar el paro estuvimos a punto de marcharnos hacia la frontera con la esperanza de cruzar antes de que empeoraran las cosas.

—¡Ni se os ocurra venir por aquí con los niños! —me soltó en un audio mientras nosotros ya estábamos en carretera—. Estoy en uno de los pueblos por donde pasa la Panamericana hacia Colombia, y los enfrentamientos son muy violentos. ¡Quedaos donde estáis!

Su mensaje fue tan rotundo que dimos la vuelta para regresar a nuestra burbuja de paz.

Nosotros estábamos estupefactos viendo lo que estaba pasando; no podíamos entender cómo el país tranquilo y pacífico que acabábamos de recorrer con los *avis* se había convertido de la noche a la mañana en un estado en conflicto. Las imágenes que nos llegaban de Quito, donde habíamos paseado hacía apenas unos días, nos parecían irreales. ¿De verdad está pasando todo esto aquí? Cualquiera que haya estado en Ecuador sabrá que su gente es de lo más tranquila, aunque no se dejan avasallar con facilidad. Mientras tanto, en Mindo, vivíamos con normalidad, ajenos a lo que ocurría en otras localidades del país. Esto me hizo reflexionar sobre lo que ocurre antes de emprender un viaje e intentas informarte sobre los países que vas a visitar. Todo lo que encuentras en los medios es desalentador, violento, conflictivo. Después, comienzas a viajar para darte cuenta de que eso puede que exista, pero es una minoría en medio de una realidad mucho más compleja y bella. Como pasó en Ecuador: Beatriz y nosotros estuvimos en el mismo país, en el mismo conflicto…, pero viviendo realidades distintas. Ella tenía que explicar al mundo lo que sucedía en los puntos calientes, mezclarse entre los gases lacrimógenos, correr y esconderse en las espontáneas barricadas. Nosotros tan solo lo vimos en las noticias, comprendiendo que una misma realidad puede tener diferentes caras.

Un día, mientras los niños dormían, recibo una llamada:

—Buenas noches, soy el cónsul de España en Ecuador. La embajada está contactando con todos los españoles que están ahora mismo en el país, pero quería llamarles yo en persona porque viajan ustedes con tres niños. Quiero asegurarme de que están a salvo.

—Buenas noches, soy Marta. Con sinceridad le agradezco que se preocupe por nosotros; puede estar tranquilo, nos han acogido unos amigos en su finca y creo que es el lugar más seguro de todo Ecuador —le explico en voz baja para no despertar a los niños que viven ajenos a lo que está pasando a su alrededor.

—Puedo enviar un coche de la Guardia Civil a que los escolte hasta Quito para que puedan salir del país —continúa él con tono amable y cercano.

—Muchas gracias, pero nosotros viajamos en vehículo y queremos abandonar el país por carretera, vamos hacia Colombia.

—¡Ni se os ocurra lanzaros a la carretera! ¡Y menos la que va a Colombia! Allí están los principales enfrentamientos —exclama con preocupación.

—No, no —le interrumpo antes de que siga hablando—, no vamos a movernos de donde estamos. Solo le decía que no queremos salir del país en avión, preferimos esperar hasta que las aguas vuelvan a su cauce. ¿Tiene idea de cuánto puede durar esto?

—Sinceramente, no. Mire, yo soy analista político y normalmente puedo leer situaciones como esta; pero lo que está pasando es difícil de predecir, la respuesta del gobierno a las protestas está siendo desmesurada, lo que hace que las organizaciones sociales también se radicalicen. En resumen, las dos partes están muy alejadas la una de la otra. Este conflicto puede resolverse en días o en meses, y ahora mismo no sabría decirle cuál es lo más probable —concluye con tono amigable.

Aprecio la sinceridad con la que me está hablando, aunque no me gusta nada lo que dice: hay pueblos donde ya empiezan a escasear los alimentos; así que no me quiero imaginar lo que sucederá si el bloqueo dura mucho más.

—En Quito estamos juntando a todos los españoles para tener más control sobre la situación. Podemos traerlos hasta aquí —insiste el cónsul.

—¡A Quito ni locos! Eso es meternos en la boca del lobo. Aquí estamos muy bien, de verdad, puede estar tranquilo, porque vivimos con amigos en una reserva alejados del pueblo —insisto de nuevo—; hasta tienen huerto y gallinas en caso de que los alimento empiecen a escasear. Vivimos con total normalidad, nos preocupa lo que vemos en las noticias, pero en el pueblo no se aprecia ningún tipo de conflicto.

—La verdad es que me deja más tranquilo, yo también tengo niños pequeños y no querría que se vieran envueltos en algo así. La situación está muy complicada —su voz suena un poco derrotista, aunque no alarmante.

—Entiendo, nosotros tampoco vamos a exponer a los niños a ninguna situación violenta —le tranquilizo.

—Creo que están en un buen lugar, así que vamos a hacer una cosa: no se muevan de ahí hasta que les avisen desde la embajada de que pueden hacerlo de forma segura. Y cualquier cosa que necesiten aquí está mi número, pueden llamarme directamente.

—Muchísimas gracias, de verdad, se agradece la atención en un momento como este.

Colgué el teléfono con una sensación agridulce: placentera, al comprobar que teníamos el respaldo de nuestra embajada; agria porque, si me había llamado el cónsul en persona, es que la situación era en verdad complicada. Aunque nos sentíamos seguros, disfrutando de la gente que nos había acogido y del lugar de ensueño, la incertidumbre en esos momentos era muy grande. ¿Sería cierto que aquello podría durar meses? ¿Llegarán los problemas de suministro a Mindo? ¿Qué pasaría con nuestro visado y el permiso de Rum-Rum, los cuales estaban a punto de vencer? ¿Nos obligarán a abandonar el país en avión? Miles de preguntas se agolpaban en nuestras mentes.

Mientras en una parte de Ecuador estaban en oscuridad, en Mindo brillaba la luz. Cosas de la vida, días antes de que estallara el conflicto habíamos disfrutado de un festival en el que participó un grupo de mujeres procedentes de Vilcabamba, un pueblo al otro lado de Ecuador. Ese grupo se quedó también atrapado en Mindo, con toda su buena energía y cualidades artísticas de todo tipo. La fusión entre las personas de estos dos pueblos mágicos hizo florecer la vida. Parecía que la gente quisiera contrarrestar la violencia que se vivía fuera, a través de ceremonias, encuentros, festivales, actuaciones para niños; todo lo que fuera posible con tal de mandar buenas vibraciones a nuestros preocupados corazones. Nos dejábamos llevar de un encuentro a otro, donde la creatividad y espiritualidad brillaban. Aquellos días de incertidumbre los vivimos acompañados de gente muy especial, personas que ponían sus conocimientos al servicio de los demás para ayudarles a resistir ese período revuelto. En ese tiempo tuvimos también nuestro primer trabajo remunerado, los amigos necesitaban hacer diferentes vídeos corporativos para su floreciente empresa y quisieron contar con nuestro servicio.

Resultaba asombroso comprobar cómo un momento de dificultad se había transformado de repente en uno de los más mágicos de todo el viaje. Una vez más pudimos constatar que los lugares los hacen las personas que habitan en él.

Saliendo de un taller de teatro de improvisación, oímos la noticia de que el presidente Lenín Moreno se reunirá al día siguiente con las asociaciones indígenas que lideran las marchas. Parece un buen comienzo, por fin las dos partes hablarán cara a cara para intentar conseguir un acuerdo. Lo cierto es que están muy alejadas sus posiciones, pero una reunión es el primer paso para entenderse.

Al día siguiente todo el pueblo estaba pegado a las televisiones e internet, donde se retransmitía en directo el encuentro. Fue todo un show mediático que funcionó; el presidente Lenín Moreno eliminó de su paquete de medidas el que hacía referencia a los carburantes y las asociaciones acabaron con el paro en ese mismo instante.

Tal y como había empezado, de la noche a la mañana terminaba todo. Al día siguiente nos despedimos con prisa de nuestros anfitriones y amigos para salir disparados hacia la frontera, teníamos miedo de que la frágil alianza se rompiera y volvieran los enfrentamientos. Nos asustaba un poco tener que pasar por Quito, no fuera a ser que todavía se viviera algo el conflicto; pero nos sorprendimos al comprobar que las carreteras estaban siendo limpiadas por los propios protestantes, dando la impresión de que allí no había pasado nada. Era asombroso comprobar que la normalidad se había instaurado con la misma rapidez que el caos.

En Quito habíamos quedado con Beatriz Viaño, la corresponsal de RTVE que tanto nos había ayudado con sus informes sobre la situación en las zonas con mayores enfrentamientos. Pudimos encontrarnos en la capital un día antes de cruzar a Colombia. Desde ese momento Beatriz y yo somos amigas; lo gracioso es que las dos somos de la misma ciudad, de la misma generación y nuestros padres se conocen desde hace muchos años. Sin embargo, nunca se habían cruzado nuestros caminos hasta ahora, a miles de kilómetros de nuestro hogar.

5

Abandonamos el canal

Dejamos un país en frágil estabilidad para entrar en otro que tampoco parecía atravesar su mejor momento. Se escuchaban voces de que la guerrilla volvía a tomar zonas del Putumayo (frontera con Ecuador) y de que había varios paros en algunas zonas del país. Así que llegamos a la frontera con cierto miedo, aunque con muchas ganas de conocer Colombia, un país muy apreciado por los viajeros.

Las fronteras nunca son agradables, aún menos cuando viajas en vehículo porque no solo hay que hacer el trámite de migración, sino que aduanas entra en juego. No sé por qué los trabajadores de estas siempre se empeñan en encontrar alguna irregularidad: revisan cada centímetro del vehículo, tiran la comida, anotan el número infinito del chasis —que debes revisar si no quieres tener graves problemas a la salida— y te miran con cara de pocos amigos. Por eso yo, la noche antes de cruzar a otro país duermo fatal.

Esta frontera es bastante caótica, hay gente por todos lados, coches mal aparcados, autobuses descargando a unos pasajeros tan perdidos como nosotros. El día está nublado, gris, desluciendo aún más la ya de por sí poco atractiva frontera.

Nada más llegar empieza el baile de oficinas: primero hacemos la salida de Ecuador en migración, después la salida del camión en aduanas; estamos listos para entrar en Colombia.

Lo primero que nos encontramos es un gran puesto de la Cruz Roja que nos recuerda a las imágenes que tenemos de los refugiados. Nos quedamos un tanto desconcertados, ¿qué está pasando aquí? Pero no tenemos tiempo que perder y preguntamos a los oficiales colombianos que nos guían amablemente para conseguir el sello en los pasaportes. El baile continúa yendo a una oficina, a la tienda de fotocopias —siempre debes llevar varias fotocopias de todos los documentos del coche—, volver a la misma oficina a esperar demasiado, con los niños subiéndose por las paredes, hasta que un oficial aparece para hacer la temida inspección a Rum-Rum. Con cara decepcionada por no haber encontrado nada extraño, el agente de aduanas nos desea buen viaje. Estamos dentro, podemos empezar nuestro recorrido por país tan esperado.

Conducimos los primeros kilómetros impresionados al ver una gran afluencia de personas caminando por la carretera: familias enteras con niños, maletas, inmensas mochilas que sobresalen por encima de delgadas piernas. Son inmigrantes venezolanos que vienen recorriendo Colombia hasta Ecuador con la esperanza de encontrar un lugar donde establecerse. Por eso el puesto de la Cruz Roja en la frontera, son muchos los que deben ser atendidos, recibidos, tratados con cariño. La imagen de estas personas nos impresiona. Familias iguales a la nuestra transitando la misma carretera: nosotros por elección, ellos por obligación.

Los espíritus de la Tierra

La primera parada la hicimos en el bajo Putunayo, donde una familia indígena Inga nos esperaba. Vamos recomendados por Guille, el amigo colombiano de Dani con el que íbamos a habernos visto allí si no hubiera sido porque nos habíamos quedado atrapados en Ecuador. A él y a su familia los visitaríamos más tarde en su casa de Cali, pero antes debíamos pasar a conocer a esta especial familia, linaje de Taitas. Un Taita es el padre o cabeza de familia, pero en este caso se refiere a una persona sabia que conoce la medicina tradicional para comunicarse con los espíritus y, a través de ellos, intentar curar el alma, el espíritu, la mente y el cuerpo. Podríamos decir que es un Chamán, si bien es algo más que eso: es también una persona sabia, un guía para toda la comunidad. La familia Tisoi proviene de un largo linaje de Taitas en el que se han mantenido las tradiciones de generación en generación hasta llegar a Jaime y Pablo, los actuales herederos de este conocimiento, aunque toda la familia al completo tiene grandes enseñanzas que darnos, empezando por la gran hospitalidad con que nos reciben. Con ellos aprendemos sobre plantas medicinales como la ayahuasca o el rapé, sus principales usos y propiedades curativas.

—En la escuela escuchábamos enseñanzas distintas a las que recibíamos en casa, como por ejemplo, que las rocas no tienen vida —explicaba Pablo en una entrevista que les hicimos.

—¿Tú crees que las rocas sí tienen vida? —le preguntó Tao entusiasmado por aquella idea.

—Yo creo que todo lo que nos rodea tiene vida. Por eso nosotros, cuando tomamos algo de la Tierra, siempre le pedimos permiso. En el agua hay espíritu, en la planta hay espíritu, en la roca también hay espíritu.

—Nosotros aprendimos en Ecuador que el espíritu del agua se llama Yaku. También conocimos a un perro al que llamaban así —contestó Tao con toda su inocencia.

—Saber que en cada elemento habita un espíritu nos ayuda a conectar con todo lo que nos rodea.

Los días que nos quedamos allí los niños veían cómo se le pedía permiso a la Tierra antes de hacer uso de ella, ampliando la mirada de los pequeños. Estamos demasiado acostumbrados a basar la educación solo en la ciencia, sin recordar que somos mucho más que eso.

Tao pasa su séptimo cumpleaños al calor de esta familia, recibiendo regalos cargados de significado, como tres flautas de bambú hechas por Jaime, para que toquen cada uno de los hermanos. A día de hoy, el sonido de las flautas nos siguen acompañando en los largos viajes de carretera.

Tenemos muchas ganas de profundizar más con los Tisoi pero nos queda poco tiempo antes de que llegue nuestra visita de España. Vamos con prisa para llegar a Medellín, en donde aterrizará Danielo el vasquito, amigo y ex-socio de mi Dani en Madrid. Había comprado los billetes antes de que sucedieran los enfrentamientos que nos dejaron atascados en Ecuador, por eso ahora vamos con tanta prisa.

Nos vamos con la sensación de dejar algo inacabado, de querer profundizar más en una nueva amistad. No es algo nuevo, nos ha pasado muchas veces, pero esta vez se siente desde muy adentro. Es una llamada profunda de estar frente a personas que pueden regalarnos enseñanzas, formas distintas de entender la vida, compartir momentos para dejar sellado un lazo de hermandad. No tenemos, en cambio, otra alternativa que continuar.

Corre, corre…

Hacemos otra parada en Popayán en casa de un viejo amigo de Mayte (la fundadora de CREAMOS en Bolivia) con el que vivió muchas aventuras en su época universitaria. La idea inicial de grabar un documental sobre su vida nos llevaría por estos caminos, con el fin de conseguir testimonios que nos ayudasen a construir su historia. Sin embargo, Dani empieza a sentir cierto desánimo, tiene demasiados frentes abiertos y no sabe por dónde tirar. Llevamos casi un año en ruta; sin embargo, el canal de Youtube sigue atascado, el documental es demasiado trabajo para crear durante el viaje, y parece que la posibilidad de hacer vídeos corporativos es una solución más inmediata de financiación. Tenemos que priorizar; está claro que es muy difícil viajar, estar las 24 horas con nuestros hijos y trabajar abriendo varios frentes a la vez. Cuando decidimos llevar este estilo de vida no fuimos conscientes de esta realidad, todo parecía más fácil visto desde fuera.

Volvemos a sobrevolar un lugar en el que nos hubiera encantado profundizar sobre la cultura indígena. Juan Pablo es antropólogo en la Universidad de Popayán y puede llevarnos a conocer bonitos proyectos de comunidades de la zona, pero el tiempo corre en nuestra contra. Todo esto me hace reflexionar sobre el tipo de viaje que nos gusta a nosotros, en el que preferimos ver menos cosas y profundizar más en cada parada. Visitar lugares espectaculares de naturaleza es bonito, impresiona; sin embargo, no es lo que nos llena en realidad. Lo que de verdad nos remueve es vincularnos con personas, aprender de su cultura, compartir la vida con gente que nutre nuestro intelecto y nuestra alma. Esos momentos son lo que se nos quedan grabados y que recordaremos el resto de nuestra vida. Por eso, esta entrada apresurada a un país tan acogedor e interesante como lo es Colombia, nos deja con ganas de profundizar más.

De nuevo en la ruta, llegamos a Cali. Ahí nos espera Guille, amigo de Dani desde hace quince años en un viaje a Argentina. El tiempo no ha pasado en balde, ambos han formado una familia que estamos deseando conocer. La conexión es inmediata, Marcela nos abre las puertas de su hogar con una naturalidad que a mí me cautiva. Es psicóloga y profesora de yoga, desprendiendo mucha sinceridad en su acogida. Katari, su hijo súper sociable, se muere de ganas de recibir más niños en su casa. En seguida los cuatro desaparecen en su habitación probando todos los juguetes que él comparte con generosidad.

Nos han preparado una habitación en su casa para que nos quedemos con ellos todo el tiempo. Para nosotros es la primera vez que dejamos el camión para dormir en casa de amigos, ya que solemos aparcarnos en el jardín y no entrometernos demasiado en sus vidas. Pero esta vez es diferente: Guille y Dani quieren aprovechar el máximo de tiempo juntos, haciendo imposible declinar la invitación.

—¡Papapas quiero! —dice un día Erik, mientras Dani prepara una tortilla de patatas. Es el plato estrella que cocina a todo aquel que nos invita a su casa. Esta vez le está enseñando la receta a Marcela, estamos todos charlando en la cocina.

134

—¡Ay, qué lindo! ¡Papá te quiero! —dice Marcela mirando con ojos cariñosos a Erik.

—No ha dicho ¡papá te quiero!, ha dicho ¡patatas quiero! —contesta Dani entre risas al tiempo que le acerca una patata al niño.

Erik se pasa el día pidiendo comida y exigiendo atención continua, acabando, a veces, con nuestra paciencia. Un día, cuando Erik lloraba reclamando cualquier cosa, Guille se arrodilló frente a él y adoptando su idioma le dijo:

—¡Abrazo quiero! —al tiempo que le abría los brazos. Erik dejó inmediatamente de protestar, le regaló una enorme sonrisa mientras se lanzaba en sus brazos. Guille nos acababa de enseñar cómo tratar a nuestro pequeño en los momentos difíciles. Lo curioso es que sigue funcionando. A veces buscamos grandes conocimientos en el exterior, en libros, cursos, expertos; cuando solo hay que estar atento a los mensajes de la gente que nos rodea. Muchos de los grandes aprendizajes nos los dan personas que ni siquiera saben que nos los están regalando.

El tiempo pasa volando cuando se está tan a gusto; esta vez, nadie se quiere marchar. Sabemos que Danielo *el vasquito* está a tan solo tres días de aterrizar en Medellín, pero la intensidad con la que hemos vivido esta amistad hace que la despedida sea la más difícil de las que llevamos hasta ahora. Es curioso, deberíamos estar acostumbrados; sin embargo, desde que entramos en Colombia siento que necesito pasar más tiempo con las personas que hemos conocido. Todas tienen algún conocimiento sobre la vida en el que quiero profundizar, o pasarme horas escuchando su suave acento y agradables palabras. No he conocido a un pueblo más educado que el colombiano, algo que sorprende cuando en las noticias lo único que se habla es de muerte, guerrilla y narco-tráfico. Me parece increíble lo que los medios de comunicación pueden hacer sobre la imagen de un país, dejando en nuestras retinas un retrato que no se corresponde con la realidad.

Reprimo las lágrimas al tiempo que abrazo a Marcela deseándole lo mejor. Sé que algún día volveré a verla, aunque también sé que no será pronto. Entonces los niños abrazan fuerte a Katari y dicen:

—No me quiero ir.

Al instante las lágrimas saltan en mis ojos, alborotadas, también en los de Marcela: sabemos que cuando se vuelvan a encontrar no jugarán como lo hacen ahora. El tiempo pasa rápido en ellos y quién sabe cómo serán cuando se vuelvan a ver. En ese momento Katari sale hacia la casa y regresa con una piedra para regalársela a Tao, quien, además de los animales, está fascinado con los minerales. Quizás ese sea el símbolo que los mantenga unidos para siempre.

Los tres días siguientes los pasamos visitando el Eje Cafetero con la misma sensación de prisa que hasta ahora. Pero esta vez ya tenemos la mirada y el corazón puesto en la llegada de nuestro amigo, al que todos esperamos con mucha alegría. Atrás hemos dejado la pena para dar paso a las risas que nos esperan con Danielo. Él fue el último en despedirse de nosotros en el aeropuerto de Madrid, ahora nosotros conducíamos felices a su encuentro.

—¡*Osaba!*, ¡*osaba!* (significa tío en vasco) —gritaban los niños como locos cuando vieron salir a Danielo por la puerta de llegadas.

El *osaba* soltó las mochilas al suelo para coger a los tres niños entre sus brazos, intentando abrazarnos también a nosotros. Así es Danielo, tiene amor suficiente para todos y muchas ganas de pasarlo bien. Esa primera noche fue la única que durmió en una habitación de hotel, el resto de la visita la pasó con nosotros como uno más de la familia. «Donde caben cinco, caben seis». ¿Os he dicho que el habitáculo de RumRum mide 2x4 metros? Pues ahí convivimos durante ocho días tres adultos y tres niños, divirtiéndonos como chiquillos.

Danielo *el vasquito* estaba de vacaciones, así que en un abrir y cerrar de ojos nos llevó a su jovial estado. Visitamos distintos lugares turísticos, nos acostábamos tarde, bebíamos cerveza, los niños pasaban el tiempo jugando. Durante esos ocho días dejamos de lado el trabajo y la escuela para unirnos a las vacaciones de nuestro amigo. El problema fue que, cuando él se marchó, era muy difícil volver a la «rutina» que teníamos. Además, los últimos días de su visita nos juntamos de nuevo con las dos familias viajeras a las que habíamos conocido en Perú, resurgiendo las ganas de compartir momentos juntos. Así que al tiempo que despedíamos nuestras vacaciones con *osaba,* nos uníamos a la caravana para rodar por el resto de Colombia en comunidad, haciendo mucho más fácil cualquier imprevisto; o, al menos, más divertido. El problema es que con tanta vida social, terminamos abandonando el canal de Youtube definitivamente. Dani estaba agotado y frustrado por pasarse horas delante del ordenador sin recibir nada a cambio, sintiendo que se estaba perdiendo muchas experiencias por nada. En esos momentos la opción de pagarnos el viaje con vídeos corporativos parecía la más segura, o al menos la más inmediata. Y, aunque abandonar el canal de Youtube se estimaba como una derrota, Dani necesitaba airear su mente.

—¡No puedo más! Esto me está consumiendo. Siento que me estoy perdiendo el viaje, no dejo de trabajar sin llegar a ningún sitio.

—La verdad es que no sé cómo has aguantado tanto tiempo, cada noche te quedas hasta las tantas editando, este ritmo no es sostenible para nadie —contesté comprensiva. Yo hacía tiempo que creía que lo mejor era que nos dedicáramos a hacer vídeos corporativos. Mi falta de confianza hacía que quisiera ver resultados inmediatos.

—Necesito mirar las cosas con perspectiva, alejarme un poco del canal para analizar qué es lo que no está funcionando.

—Yo creo que deberíamos seguir por la línea de los hoteles. Llevamos ya un año de viaje y hoy en día es lo único que nos ha aportado algo de dinero.

—Sí, puede ser —contestó Dani poco convencido. Él tenía claro que nuestro camino estaba en el mundo online porque quería construir un proyecto a largo plazo. Ascendíamos una montaña sin ver todavía su cima, pero ahí estaba, eso era algo que Dani no olvidaba. Sabía que debíamos seguir caminando para hacer cumbre.

Caravana de familias

El recorrido por Colombia en caravana con las familias viajeras fue un regalo para todos, hasta Erik adoptó a una de ellas pasando más tiempo en su casa rodante que en Rum-Rum. Se despertaba, desayunaba con nosotros y en cuanto veía que se abría la puerta de «Jugados por América», se plantaba allí con la mejor de sus sonrisas. Sabía que Ivana, la mamá de la familia, le daría algo rico con lo que volver a desayunar, para después trastear con los juguetes de sus hermanos adoptivos. Mientras tanto, el resto de los niños formaron una pandilla de inseparables aventureros viviendo muchísimas experiencias juntos, al tiempo que madres y padres compartíamos cómplices charlas sobre la experiencia de criar a nuestros hijos en movimiento. No todo el mundo entiende este estilo de vida, hay quien lo critica o quien lo alaba en exceso pensando que todo es maravilloso. Por eso es importante para nosotros hablar con otros padres con los que compartimos la misma realidad: problemas para poner a nuestros retoños a estudiar, lo difícil que es conciliar la vida laboral con la familiar y la plenitud de espíritu al ver crecer libres a nuestros hijos.

—¿Qué tal lleváis la escuela? —pregunté con la esperanza de que me dieran algún consejo.

—Muy mal, me cuesta mucho que haga los ejercicios que les mandan, no quiere escribir —contestaba Ivana, cuyo hijo mayor seguía un programa de educación a distancia de Argentina—. Deberíamos ponerlos juntos todas las mañanas para que se motivasen, por lo menos así no protestarán —sugiere Ivana.

—Me parece una gran idea; además, unos pueden ayudar a otros —contesté entusiasmada.

Sabía que de esta manera sería mucho más fácil convencer a los niños, sobre todo a Tao, para hacer las tareas diarias.

—¿Tú cómo lo ves, Yu? —le preguntamos a la otra mamá del grupo.

—Yo estoy bastante relajada, porque veo que Sean está aprendiendo muchísimo en el viaje y poco a poco se va animando a hacer otras cosas más académicas. Miradlos, están experimentando todo el tiempo con estímulos nuevos que hacen volar su imaginación. Viven en continua creación.

Las tres mamás miramos a nuestros cachorros corretear por la playa en busca de palos para construir una cabaña. Solté un profundo suspiro y una amplia sonrisa asomó en mi cara al observar los piececitos corriendo hacia el agua para nadar, bucear y saltar con las olas. Podía sentir la felicidad en la cara de todos esos niños que reían y jugueteaban libres en cualquier entorno, con diferentes culturas, bajo la atenta mirada protectora de sus padres.

Pasamos las Navidades en el Caribe colombiano en compañía de nuestros inseparables amigos, estacionados en un pequeño aparcamiento cerca de la playa bajo un sol abrasador. El lugar no podía ser menos glamuroso para pasar estas fechas, pero Jesús tampoco vino al mundo en un hotel de cinco estrellas, así que en el fondo ese pequeño aparcamiento representaba el verdadero espíritu de la Navidad. Sus dueños nos habían acogido como a su propia familia y entre todos preparamos unas íntimas, bonitas y sentidas Fiestas. Aprovechamos al máximo esos días porque sabíamos que eran los últimos momentos que pasaríamos juntos. Unos continuábamos el viaje hacia Panamá, otros regresaban a Argentina. Las separaciones formaban ya parte de nuestro día a día, pero no por eso dolían menos, las lágrimas se mezclaban con preguntas sin respuestas.

6

Nuestro hogar: el Mundo

Me costó convencer a Dani para que cruzáramos a Centroamérica en lugar de ir directos a México. Puede que muchos no sepan que, aunque el continente americano está unido por tierra, hay un tramo de la Panamericana donde se corta la carretera, es el llamado Tapón del Darién: una frondosa selva por la que no se puede pasar con vehículo. Por eso, al llegar a Cartagena, Colombia, los viajeros deben elegir si embarcar su vehículo hasta Colón, en Panamá (el puerto más cercano) o enviarlo a Veracruz, en México; curiosamente, el precio de este trayecto resulta más barato que el corto. También sucede que muchos se dan la vuelta, ya que este cruce supone el mayor quebradero de cabeza, y de bolsillo, de toda la Panamericana.

No existe un *ferry* que haga este recorrido, por lo que hay que meter el vehículo en un barco de mercancías como el que usamos para cruzar el Atlántico. Como es la única opción, las navieras tienen precios abusivos llegando a cobrar casi lo mismo que lo que cuesta traerlo desde Europa. Si cruzar fronteras genera tensión, estamos ante la madre de las fronteras americanas, toda una encrucijada para cualquier viajero que recorre el continente con su vehículo.

Dani insistía en ir directos a México. Yo, en cambio, no quería dejar de visitar a un buen amigo que tengo en Costa Rica desde mi adolescencia.

Cuando tenía 16 años me fui un año de intercambio a Estados Unidos. Allí conocí a Jorge, un «tico» (gentilicio con el que se conoce a los costarricenses), que estaba en la misma situación que yo. Como éramos prácticamente los únicos que hablábamos el mismo idioma, nos hicimos grandes amigos y confesores. Así que, un año después de haber regresado cada uno a sus casas, seguíamos estando muy unidos y me convidó a pasar un mes en Costa Rica, invitación que yo acepté encantada. Veinte años después de aquella visita, yo quería presentarle a mi familia y conocer la suya, así que insistí en que valía la pena el gasto extra de cruzar a Panamá.

Volvíamos a meter a RumRum en un barco, con todo lo que eso conlleva. Primero hay que buscar la opción más barata entre las navieras que hacen ese trayecto; una vez tienes esto claro, debes decidir la fecha, aunque al final nunca se cumpla la real con la acordada. Nosotros queríamos cruzar a principios de enero del 2019, pero uno de los barcos se anuló, lo que obligó a retrasar nuestro viaje casi dos semanas. Con el barco elegido no terminan los trámites, sino que empiezan; en puerto hay que vérselas con aduanas, por lo que es conveniente contratar a un agente que te guíe en el proceso.

No contentos con los altos precios, resulta que en muchos casos también roban dentro de los vehículos. Por eso nos afanamos por meter dentro de RumRum los baúles que tenemos fuera, al tiempo que sacábamos las cosas de valor. Los nervios, como suele pasar en estos casos, nos jugaron una mala pasada. Dando marcha atrás chocamos con una rama que sobresalía punzante de un gran árbol, quebrando la ventana más grande del camión justo el día antes de dejarlo en el puerto.

—¡Mierda! ¿Ahora qué hacemos? —exclamo yo desesperada— ¡Venid, cacos, venid! Os hemos dejado una puerta abierta.

—No te preocupes, había pensado tapiar las ventanas con unas maderas para que no pudiera entrar nadie. Ya veremos en Panamá cómo la arreglamos.

—Por cierto, ¿has visto que los niños tienen pequeñas costras en la piel? A Erik le vi una en la pierna el otro día; pensé que era una herida. Hoy tiene más, debe de ser un hongo o algo así.

—¡Genial! Una infección cutánea en el momento más oportuno —contesta Dani con sarcasmo.

Con mucho esfuerzo conseguimos meter los baúles exteriores dentro del camión, dejando el espacio intransitable. Al introducir el más grande, el de madera en el que guardamos la mesa, sillas y otros artículos grandes, me he cortado la mano para evitar que se me cayera encima aplastando alguna parte de mi cuerpo. Terminamos justo cuando el intenso sol caribeño se ponía tras las palmeras de la playa donde estamos estacionados. El lugar es hermoso, pero nuestro ánimo no está para disfrutarlo.

—¡Uf! Ya está. Hemos conseguido meterlos, a ver cómo hacemos para sacarlos en Panamá —me mira Dani con una mueca en la cara. Después de todo el día dedicado a preparar el camión ya todo me da igual, lo único que quiero es descansar. Tenemos que recuperar fuerzas para los días de ajetreo que nos esperan entre puertos.

Con el interior de RumRum inaccesible, ponemos la tienda de campaña en la que dormiré yo con los tres niños. Dani se queda fuera con un saco y esterilla acompañado de la suave brisa del mar.

Al día siguiente él se marchó temprano al puerto con RumRum, llegando al final del día derrotado:

—No te lo vas a creer. Resulta que llegan los agentes de narcóticos y me dicen que tengo que vaciar todo el camión para que lo puedan revisar.

—¡No hablas en serio! ¿Has tenido que sacar todo lo que metimos ayer?

—Les he dicho que no podía… pero ellos nada, que lo saque, que tienen que inspeccionar. Y yo que no, que no puedo, que metan a los perros dentro. Si no, ¿para qué los llevan?

—Han metido a los perros…

—¡Qué va! ¿Por qué crees que llego a estas horas? Hemos estado cuatro horas sacando todo. ¿Para qué? Para nada. Soltaron a los perros a olfatear y después otra vez todo para dentro. Menos mal que había otros viajeros que me han ayudado, si no yo solo no podría haberlo hecho.

—¡Vaya! Menuda faena. Pues aquí Erik y Dhara tienen la piel fatal, cada vez les salen más costras. Debería verlos un médico.

—Menuda racha —susurra Dani mientras se tumba en el sofá del apartamento.

Sin embargo, no todo está siendo malo.

Dani es el encargado de hacer las gestiones en los puertos; yo, en cambio, soy la que organiza todo en cuanto a papeleos, compra de billetes, hoteles; lo cual me genera mucho estrés. Si me equivoco en un número o en una letra, puede ser el desastre absoluto; lo que me obliga a revisar una y otra vez los nombres, fechas de nacimiento, pasaportes, chasis de RumRum... Puedo volverme un poco obsesiva. En una de esas cien mil veces que miraba el correo mientras hablaba

144

con la naviera y la agente de aduanas, me topo con un mensaje inesperado: una pareja formada por un gallego y una colombiana ponían a nuestra disposición su casa en Cartagena para que disfrutáramos de esa bella ciudad mientras ellos estaban en España. ¿Era verdad que eso estuviese sucediendo? ¡Cómo es posible que alguien que nos conoce solo a través de las redes sociales nos preste su casa! Llega en el momento perfecto porque RumRum estará una semana entre puertos, lo que nos supondría un gasto extra importante en alojamiento. Encima, el lugar se trata de un bonito apartamento con vistas al mar; con piscina para pasar los calurosos días de Cartagena.

La generosidad de la gente no deja de sorprendernos, dándonos lecciones de vida y mensajes que llegan en el momento justo. Dani llevaba varios días pensando en retomar el canal de Youtube, aunque solo fuera para tener un recuerdo en el futuro, ya que esos vídeos constituían un álbum familiar demasiado bonito como para dejarlo morir. Por eso, aquella invitación proveniente de y gracias a las redes sociales reforzó su idea.

—Voy a empezar a hacer vídeos tutoriales en los que demos información a otras personas que quieran vivir nómadas, además de continuar con nuestros vídeos de viaje como hasta ahora. A ver si consigo posicionar alguno para que se mueva el canal; la audiencia que nos sigue es muy fiel, pero no logro que venga gente nueva —me explica Dani durante el vuelo de Colombia a Panamá.

—Me parece bien, mientras tanto yo seguiré buscando hoteles donde trabajar, creo que Panamá y Costa Rica son buenos países para esto, hay mucha opción y buen nivel adquisitivo.

Llegamos a Panamá con la sensación de haber empezado de nuevo el viaje. El hecho de haber dejado a nuestros amigos en Colombia y vivido una semana en un apartamento con piscina hacía que volviéramos a tener las mismas mariposas en el estómago que cuando volamos a Buenos Aires. Sin embargo, la realidad era que llevábamos a nuestras espaldas un año de viaje que había calado en cada partícula de nuestro ser, habíamos vivido innumerables experiencias, visitado bellos lugares, conocido a personas que nos habían cambiado la vida. Ninguno de los cinco que ahora volábamos en el avión a Panamá, éramos los mismos que hace un año se sentaban en el vuelo transoceánico. Ni siquiera Rum-Rum conservaba la misma apariencia, ahora lucía ruedas nuevas, tenía el logotipo de Los Mundo bien visible y, por dentro, se había convertido en el hogar de una familia.

Panamá, la puerta a Centroamérica

Dando saltos de alegría recibíamos a nuestra casita con ruedas en Panamá; ahora solo había que buscar un sitio en el que ponernos a ordenar de nuevo todo lo que habíamos tenido que descolocar para el traslado. En medio de nuestros quehaceres le digo a Dani con una gran sonrisa:

—Una familia española con la que hablo mucho a través de Instagram nos invita a pasar unos días en su velero hasta las Islas San Blas. Yo he conectado mucho con María, la mamá, porque tenemos las mismas dudas existenciales acerca de la infancia viajera de nuestros hijos. Tienen dos niñas de edades parecidas a los nuestros y llevan más de un año de viaje en barco. ¿Qué te parece, vamos a verlos?

—¡Me parece genial! Esas islas son un auténtico paraíso.

—Pues venga, voy a organizarlo; ellos solo tienen unos días libres que, justamente, coinciden con mi cumpleaños y el de María.

Al día siguiente nos despertamos a las cinco de la mañana con las mochilas preparadas, porque viene a buscarnos el coche de la agencia que nos llevará hasta territorio Guna, desde donde salen las barcas que nos acercarán al velero de nuestros amigos. Los Guna son un pueblo indígena que goza de cierta independencia en los territorios donde habitan; solo los coches 4x4 autorizados pueden entrar. Circulamos durante dos horas hasta llegar al puerto, si es que se le puede llamar así a la orilla de un río en el que están amarradas un par de barquitas. Mientras esperamos a que llegue la nuestra, los niños se van recomponiendo de un viaje que los ha dejado mareados. Los miro con admiración: se han convertido en pequeños todo terreno. Pienso que esto les hará adultos más flexibles, capaces de adaptarse a cualquier situación. Aunque nadie sabe cómo serán en un futuro, intuyo que están adquiriendo herramientas que les acompañarán el resto de su vida.

Al rato llega nuestra embarcación, nos ponemos los chalecos salvavidas y, con todavía los ojos hinchados por el sueño, ponemos rumbo hacia el archipiélago de San Blas o *Guna Yala*.

Poco a poco vamos dejando la tierra atrás, al tiempo que el mar se pone intenso con olas que nos mojan aterrorizando a los niños; menos a Erik, que se parte de risa cada vez que una ola salpica nuestras caras. Pasamos cerca de algunas islas sobrepobladas donde no cabe ni una casa más; de repente, el mar se vuelve una piscina sin olas, la barca parece volar por encima del agua. Continuamos así un buen rato sin ver nada más que islas salpicadas a lo lejos, cuando, desde un velero, vemos brazos que se agitan con rapidez: son nuestros amigos que nos reciben con alegría.

—Ese es su velero —nos dice el Guna que maneja la embarcación.

Subimos uno a uno a los niños que, con timidez, saludan a los anfitriones. El largo viaje desde la ciudad de Panamá nos ha dejado medio aturdidos, pero el recibimiento caluroso hace que nos acomodemos con naturalidad a su hogar.

—Vamos a *Green Island* a prepararle el cumpleaños sorpresa a María —nos cuenta Jorge en voz baja mientras se sienta frente al timón. María recoge el ancla con las niñas, quienes enseñan después con entusiasmo el barco a sus nuevos amigos. Jorge continúa:

—Todas las *Green Island* son un paraíso en cualquier archipiélago; si en un libro de navegación ves que hay una *Green Island,* dirígete a ella porque seguro que es una isla de foto.

A Jorge no le faltaba razón. Mientras nos acercábamos navegando, podía verse una isla de fina arena blanca, palmeras que parecían puestas a propósito para el *set* y el agua más transparente que había visto nunca. No sabía si aquello era real o estaba mirando las páginas de una revista de viaje, de esas que tienen todas las agencias invitando al transeúnte a entrar y contratar unas vacaciones en el Edén.

Tiramos ancla, nos pusimos los bañadores y antes de que nuestros anfitriones tuvieran preparado el kayak para ir a la isla, Dani y yo ya estábamos de un salto en el agua. Tanta belleza unida a la tibia temperatura del mar, hacen de este sitio el paraíso en la tierra, no nos extraña que allí se queden «varados» veleros de todo el mundo creando una bonita comunidad entre ellos. Poco a poco fueron apareciendo barcos dispuestos a celebrar el cumpleaños de María al más puro estilo Robinson Crusoe, con mesas debajo de las palmeras donde cada uno iba poniendo algo de comer para compartir. Parece que aquellas personas de tez dorada por el sol y cabello con mechas rubias creadas por la sal y el astro rey no repararan en la belleza de aquel lugar; están acostumbrados, mientras a nosotros se nos van los ojos a todos lados. Estamos en una isla desierta a la que de vez en cuando llegan pescadores Guna a descansar; o viajeros que, como nuestros amigos, fondean sus barcos frente a sus costas.

—Mira esa estrella de mar. ¡Y allí hay otra! —los niños revolotean de un lado a otro de la orilla.

—Este lugar es demasiado hermoso, me parece increíble estar aquí —le digo a Dani moviendo la cabeza de un lado a otro para intentar captar toda la belleza a mi alrededor.

Los pies descalzos juguetean con la fina arena blanca llevándome hasta el mar donde, ya de noche, le doy una patada al agua. Entonces, aparece la magia.

—¡Mirad! ¡El mar brilla! —le grito a los niños para que vengan a verlo.

—Se llama bioluminiscencia —me explica María—; son organismos vivos que producen luz. No siempre se pueden ver, pero hoy tenemos suerte. Remueve el mar y la arena, ya verás que parece como la película de *Avatar*.

Tao empieza a dar patadas al agua, mientras Dhara y Erik atrapan la luz en sus manitas con total fascinación. Al rato se unen los niños presentes en la fiesta, creando entre todos un espectáculo de risas y luces. La magia existe y podemos encontrarla en la naturaleza que nos rodea, solo hay que salir a buscarla.

Regresamos pronto al barco porque nuestros hijos están agotados del largo viaje mañanero y todas las emociones vividas. Parece mentira lo que puede dar de sí un solo día, aunque muchas veces nos pasan desapercibidos, sin darnos cuenta del gran valor de esas 24 horas.

Me despierto el día de mi cumpleaños flotando en medio de un mar transparente azul turquesa y salgo a la proa del barco. Un sol brillante me da los buenos días directo a unos ojos todavía acostumbrados a la oscuridad del camarote.

—¿Café? —pregunta Jorge a mi lado.

—Sí, gracias. ¡Qué bien he dormido! —le digo aún con los ojos entrecerrados.

—¡Felicidades, Marta! —oigo que María grita desde dentro.

Los niños se van despertando, mientras María les prepara el desayuno con galletas, leche y cereales.

—¿Cómo hacéis la compra? —le pregunto con curiosidad al ver todo lo que tienen en la despensa.

—Los Guna nos la traen. Les hacemos una lista de lo que necesitamos; ellos, cuando van a tierra firme, hacen su compra y la de los barcos que estamos aquí. Hoy tiene que venir el «supermercado», ya verás lo contentas que se ponen las niñas cuando llega la barca, es muy gracioso —me explica con una amplia sonrisa.

—¡Vivís como reyes! No me extraña que no queráis moveros —bromeo.

—No es broma, es el sitio donde más estamos disfrutando. Además, los Guna son súper amigables y las niñas tienen muchos amigos en varias islas; ya verás hoy en Cambombia, donde vamos a pasar tu cumpleaños: hay un montón de niños para jugar con los nuestros.

Al rato Sara y Mía, las niñas del barco, empezaron a gritar:

—¡El súper! ¡El súper!

Nuestros hijos se unieron a la alegría de las pequeñas, ayudando a guardar los productos que lanzaban desde la barca al velero, dejándolos uno a uno sobre la mesa del camarote. Mientras tanto aparecía otra pequeña embarcación procedente de un velero que traía a su hija a compartir juegos con los nuestros. Dani y yo estábamos sorprendidos por la cantidad de vida social que tienen los viajeros en barco; uno podría pensar que su vida es solitaria; sin embargo, comprobamos que nada más lejos de la realidad: socializan mucho entre embarcaciones y se relacionan con las personas autóctonas de las islas, tal como pudimos ver en Cambombia, la isla elegida para mi cumpleaños. En ella los barcos fondean muy cerca de la orilla, haciendo que se pueda llegar con unas cuantas brazadas; así que, en cuanto los niños Guna vieron aparecer el barco de Sara y Mía, se lanzaron nadando a buscarlas para jugar. Yo no me podía creer que existiera un agua más transparente que la del día anterior, y la visión de aquella isla paradisíaca con niños racialmente tan distintos compartiendo juegos se me quedará grabada a fuego en el corazón.

Dani y yo nos mirábamos diciendo: esta es nuestra jubilación. Cuando los niños se vayan de casa nos compramos un barco.

Aquel 39 cumpleaños lo viví con ojos de 19. Todo aquello me parecía tan bello, nuestra nueva amistad tan pura, que me sentía como una chiquilla saliendo del cascarón, sin poder dejar de dar gracias por todo lo que estábamos viviendo en familia. Pero, como el hechizo de la Cenicienta, nuestro cuento en velero llegó a su fin, sellando la mejor entrada a Centroamérica que nos podíamos haber imaginado.

Abrazamos con ganas de nuevo la carretera y a un RumRum que nos esperaba ansioso para continuar la ruta por Panamá. Durante un mes descubrimos un país diverso, acogedor, seguro y fácil para viajar, el cual nos sorprendió por sus parajes naturales y playas maravillosas. No entendemos cómo no son más famosas fuera de sus fronteras.

Cuando ya se estaba terminando el permiso de un mes que nos habían dado para el camión, conseguimos varios trabajos en hoteles que consiguieron levantar nuestro ánimo y economía. Volvíamos a sentirnos metidos en el viaje con fuerza, con energías renovadas, algo de efectivo en el bolsillo y contentos por seguir trabajando en las redes sociales que nos estaban proporcionando bellas amistades.

Costa Rica ¡Pura Vida!

Con este impulso positivo que nos deja Panamá, nos toca volver a cruzar fronteras; aún tenemos por delante varias muy seguidas antes de llegar a México. Costa Rica es la primera. El corazón palpita más rápido de lo normal; los niños están inquietos, poniéndonos a todos de los nervios; por alguna razón, aunque todo esté en regla, pienso que algo puede torcerse. Tras pasar de una oficina a otra enseñando documentos, conseguimos nuestro sello de entrada por tres meses (el mismo tiempo para RumRum) sin saber que el mundo se pararía tan solo un mes después.

Una exuberante vegetación nos recibe en el país de la «pura vida» y nos acompaña a lo largo de las dos horas que conducimos hasta llegar a una playa; aparcamos en la propia orilla. El agua está calmada, al igual que el resto del lugar. Conque caminamos un rato para deshacer las tensiones acumuladas por el día de frontera antes de irnos a dormir. Caemos rendidos en la cama. Cuando el día comienza a amanecer, un fuerte sonido de aves nos despierta levantándonos de un salto con la curiosidad de saber qué animales han provocado tremendo bullicio. Descubrimos unas treinta guacamayas rojas —o lapas rojas, como se las conoce en Costa Rica— aleteando y cantando en los dos árboles que hay sobre el techo del camión. Los niños salen medio dormidos maravillados por el espectáculo, mientras preparamos el desayuno bajo los árboles con el sol naciendo a nuestras espaldas augurando un bonito día de playa. Aprovecho la buena energía del lugar para hacer un poco de escuela antes de que los niños se lancen al agua y ya no sea capaz de retenerlos. Mientras estamos sentados con los libros, un paseante exclama:

—¡Una tortuga marina! ¡No, son dos!

Tao suelta el lápiz y de un salto se planta junto al señor.

—¿Dónde, dónde? —le dice mientras mira a todos lados.

—¡Vamos al agua! —aparece Dani con las gafas y el tubo de *snorkel* de Tao—. Cuando estés cerca de ellas pon los brazos así para no tocarlas —le explica mientras se da un abrazo a sí mismo con los brazos.

Los dos se lanzan al agua nadando muy despacito para no asustar a las tortugas hasta que llegan cerca de ellas, con la distancia suficiente para no estresarlas, se autoabrazan y observan a los dos ejemplares que bucean en el mar.

El amor de Tao por los animales no hace más que crecer, y Costa Rica es un país donde no hace falta buscarlos: están en cualquier entorno cotidiano; en pocos días vemos lapas, tortugas marinas, osos perezosos, pizotes, guatusas, iguanas, mapaches, monos, colibríes... levantando la emoción de los niños casi a cada paso. Además de los animales y su biodiversidad, los ticos son gente amigable a la que le gusta disfrutar de los buenos momentos que nos da la vida, así que en seguida nos sentimos cómodos.

Gozamos del entorno salvaje con normalidad, lo que me lleva a reflexionar sobre lo poco conectados que estamos con la naturaleza en las ciudades. Estoy contenta de haber cambiado el ajetreo de la capital por las incomodidades de la vida *camper*. No negaré que echo en falta tomarme una ducha con abundante agua, un horno con el que preparar pasteles o un sofá en el que tumbarme al final del día. Tener mi espacio personal o salir a cenar con Dani. La verdad es que nuestro estilo de vida supone renunciar a muchas comodidades. Sin embargo, te conecta con lo más puro y esencial de la vida, te das cuenta de que el resto de las cosas son accesorias. El sentimiento de libertad que esto produce no puede compararse a nada que se compre con dinero. Mirando a mis hijos, pienso: «¿hasta cuándo podrán los niños estar así?» Sabemos que esta vida nómada tiene fecha de caducidad marcada por ellos. Está bien. La vida son etapas que hay que saber soltar llegado el momento y abrazar la siguiente.

En las playas del Pacífico vuelvo a ver atardeceres que se ponen en el mar, como ocurre en mi tierra, Galicia. Encogiéndoseme un poquito el corazón, me dejo volar a esos años de adolescencia en los que el sol desaparecía tras el Atlántico. Hoy el mar es otro; la compañía y el viento que me ha traído hasta aquí, también. Pero me dejo acariciar por los recuerdos, a la vez que doy gracias por seguir permitiéndome tomarme el tiempo de ver atardeceres.

Del pacífico cruzamos al mar Caribe para pasar unos días antes de visitar a mi amigo Jorge en Heredia, cerca de la capital San José. En el Caribe descubrimos una costa menos turística, con un ritmo muy tranquilo, donde aparcamos en la propia arena, hacemos fuego por las noches y bebemos agua de coco de palmeras cercanas, al tiempo que compartimos charlas con otros viajeros argentinos tan encantados con el «pura vida» como nosotros. Pero mi amigo reclama nuestra presencia, así que arrancamos a RumRum de su estancia playera para subirlo por las montañas de la cordillera que atraviesa Costa Rica.

Las cosas no salen como planeamos

Jorge, su mujer Cristina, a la que yo ya conocía de mi primera visita cuando aún eran novios, su hijo Gabriel y la abuela nos dan la bienvenida con un caluroso recibimiento.

—Vamos a hacer una barbacoa este sábado en mi casa con todos los amigos, ellos tienen ganas de verte —me dice Jorge mientras nos prepara una *michelada* en su casa.

—¡Claro! Yo también tengo curiosidad por saber cómo han envejecido —digo entre risas.

Esos días entre semana los aprovechamos para renovar los pasaportes de Erik y Dhara en la embajada de España en San José. Para quien no lo sepa, los pasaportes españoles de niños menores de cinco años caducan a los dos; si a eso le añades que la mayoría de países exigen una vigencia de —al menos— seis meses, el pasaporte dura solo año y medio, ge-

155

nerando el mayor dolor de cabeza para las familias que viajamos con niños pequeños. Si no somos previsores, podemos tener un gran problema.

Llegó el sábado y la tarde se inundó de abrazos, sin saber que serían los últimos que daríamos en mucho tiempo.

—¿Os habéis enterado de que ya han detectado un caso
de coronavirus en Costa Rica? —comenta Cristina, la mujer
de Jorge.

—¡Es Mario! ¡Míralo, no para de toser! —dice alguien
bromeando. Todos reímos mientras continuamos con el encuentro charlando alegremente, bebiendo y degustando la rica comida que Jorge prepara en la barbacoa.

Al día siguiente nos despedimos de nuestros amigos por
unos días, dispuestos a volver a vernos el viernes con planes
de disfrutar el fin de semana juntos. Nos dirigimos al pueblo
de La Fortuna a comprar comida suficiente para pasar unos
días apartados en una zona del lago Arenal. Mas muy pronto,
¡ay!, empezamos a sentir que la situación al otro lado del
mundo se está poniendo cada vez más complicada. No tenemos casi cobertura, lo que no obsta para que nos lleguen
mensajes de que en Italia se está muriendo mucha gente y los
hospitales están desbordados. Lo peor para nosotros es que
España parece seguir el mismo camino. Hay muchísima con-
fusión entre la información que nos llega: se oyen rumores
de confinar a la población en sus casas, todo está ocurriendo
a cámara rápida, cada día la situación empeora, la alarma
comienza a extenderse al resto del mundo.

Nosotros estamos agradecidos de poder aislarnos en ese
hermoso lugar con vistas al volcán Arenal, ajenos a la grave-
dad de la situación, pensando en que todo se solucionará en
cuestión de semanas. El sol incide sobre el lago haciendo

156

brillar pequeñas luces que parecen estrellas, mientras el imponente volcán se refleja en sus aguas. El Arenal es un cono perfecto que se alza hacia las nubes, dejando ver su cumbre esos días en que el cielo está totalmente despejado. Cuando eso ocurre, el tiempo se para, solo queremos sentarnos frente a él para observar su belleza, admirando los ríos de lava alrededor del cráter en forma de lágrimas.

Una de esas mañanas hermosas en las que jugamos con los niños a orillas del lago, un guardia aparece y nos indica que no podemos quedarnos más tiempo ahí. Busco una alternativa cerca, la cual tiene muy buenas reseñas entre los viajeros: el Hotel «Los Héroes». Al llegar vemos que hay unas veinticinco autocaravanas de europeos que viajan juntos, con un guía, recorriendo la Panamericana desde Ushuaia hasta Alaska. El Hotel «Los Héroes» es una parada más en su ruta, donde suelen pasan una sola noche. Sin embargo, las noticias del confinamiento completo en Europa y el cierre de lugares públicos en Costa Rica hace que se planteen quedarse allí unas semanas a la espera de que todo pase. Nosotros pensamos en marcharnos para buscar otro lugar más tranquilo, pero los propios dueños nos dicen que nos quedemos.

—¿A dónde vais a ir? —me pregunta Stefan en tono serio.

—No lo sé todavía, pero hay varias personas que nos han escrito cediéndonos un terreno donde poder aparcar hasta que todo esto termine —le contesto.

—Mejor quedaos aquí, estaréis más seguros; os proporcionaremos agua, luz, wifi y un lugar donde vaciar las aguas negras. Solo debéis tener claro que vamos a hacer un confinamiento estricto porque tenemos que proteger a todos los que os quedáis; es decir, nadie podrá salir y volver a entrar, este es el acuerdo al que hemos llegado con el resto del grupo. Hoy podéis ir al pueblo a comprar todo lo que necesitéis; pero, a partir de mañana, nadie podrá salir; nosotros hablaremos con nuestros proveedores para que pasen a traer la comida que cada uno necesite, dejándola en la puerta.

—Nos parece perfecto, muchísimas gracias por acogernos —contesto con un gesto de agradecimiento.

Los acontecimientos se precipitan cada día que pasa, los países de todo el mundo anuncian el cierre de sus fronteras, la presión comienza a hacerse insoportable. Las noticias que llegan de España son desoladoras, creciendo en nosotros una gran preocupación por nuestras familias, en especial por los mayores. Los viajeros europeos que estaban repartidos por todo el mundo comenzaron a regresar a sus países. Incluso los amigos que teníamos en Costa Rica, de un día para otro, dejaron su furgoneta en un depósito fiscal y se subieron a un avión que los llevaría a casa. ¿Pero qué era «casa» para nosotros? ¿Dónde estaba realmente nuestro hogar?

—Dani, la embajada me está escribiendo mensajes diciendo que regresemos a España. Pero yo no lo tengo nada claro, allí están fatal, ¿por qué deberíamos volver? —hablaba en alto con Dani mientras los niños jugaban libres por el campo del hotel.

—Pues eso digo yo: ¿qué vamos a hacer en España? No tenemos una casa a la que regresar, tendríamos que ir a la de tus padres en el pueblo y encerrarnos a morirnos de la pena; aquí por lo menos podemos estar al aire libre.

Zanjamos así la conversación, aunque por dentro los dos sentíamos la presión que nos producía la situación general del mundo. Pasábamos los días con una rutina que se sentía muy agradable después de un año en continuo movimiento. Yo hacía escuela todas las mañanas, sin excepción, con los niños; después ellos ayudaban a Dani a preparar la comida; por las tardes dábamos un paseo en la montaña. El problema venía cuando encendíamos nuestros teléfonos y entrábamos en contacto con la cruda realidad que se estaba viviendo fuera. Sobre todo, descubríamos la situación de España, donde los niños estaban encerrados en pequeños apartamentos sin ver la luz del sol, hospitales saturados y número de muertos que aumentaban cada día de forma dolorosa. Aquello hacía mella en nuestros corazones, acrecentando la preocupación por nuestras familias y llenando de incertidumbre nuestro futuro. En medio de ese bombardeo emocional, recibo la noticia de que mi hermano y toda su familia se han contagiado.

—Marta, tampoco podrías hacer nada aun viviendo allí. Esa es la cuestión: aunque volviéramos, no podríamos cuidar de nuestras familias, porque cada uno tiene que estar encerrado en su casa. Ya sé que la distancia lo hace todo más difícil, pero uno de los dramas de esta pandemia es que la gente se está muriendo sola; iríamos allí, si bien seguirías sin poder hacer nada.

Sabía que Dani tenía razón, pero yo me sentía fatal viviendo ajena a todo lo que estaba sufriendo la gente; ahora se sumaba, encima, la intranquilidad por mi propia familia. Tan solo me ayudaba mirar a mis hijos jugar felices en la naturaleza que nos rodeaba; ¿quería encerrarlos en una casa? Mi interior era una montaña rusa de emociones, los sentidos me devolvían mensajes positivos llenando de alegría un corazón profundamente preocupado. Entre todas estas dudas internas, recibo un mensaje nuevamente de la embajada, esta vez mucho más tajante:

—Pedimos a todos los españoles en Costa Rica que salgan en el último vuelo de este martes a las 23:00 h. Costa Rica cierra por completo las fronteras, más el aeropuerto hasta nuevo aviso; no se prevé una apertura pronto. Esta es la última oportunidad para abandonar el país, rogamos a todos los españoles que tomen el vuelo —le recitaba a Dani el texto.

El mensaje de la embajada se sumaba al de algunos amigos que nos alertaban de la frágil estabilidad social de la región en la que estábamos. Personas que trabajan con ONGs en Centroamérica se preguntaban qué ocurriría cuando la población empezara a pasar hambre. Muchos se pusieron en el peor de los escenarios, llenándonos la cabeza de miedos. Aunque nosotros teníamos claro que Costa Rica es un país muy estable, una cosa era cierta: con el confinamiento se frenaría el avance de la enfermedad, pero también la economía mundial. Nadie sabía prever las consecuencias que esto traería. La incertidumbre con la que vivimos aquellos momentos era muy grande; las especulaciones, desalentadoras. Conque decidimos agarrarnos a lo único tangible y cierto que teníamos: nuestra propia realidad. Daba igual que el mundo se estuviera desmoronando; nosotros respirábamos paz y gozábamos de libertad en la burbuja de nuestro confinamiento.

Decidimos ignorar las voces que nos pedían que volviéramos, para escuchar el pálpito de nuestro corazón, recordándonos que habíamos salido a vivir el mundo y, si la pandemia nos había tocado pasarla en Costa Rica, allí nos quedaríamos con su gente. En ese momento llevábamos tan solo un mes en este país; no éramos conscientes del regalo que nos estábamos haciendo al decidir permanecer bajo el resguardo de los «ticos». Terminaríamos quedándonos ¡once meses! «felizmente atrapados por la pandemia».

Volviendo la vista atrás a ese momento, la decisión de quedarnos en Costa Rica —con toda la presión social que existía— fue la confirmación de que nuestras vidas nos pertenecían tan solo a nosotros. Entonces no sabíamos si estábamos haciendo bien o no, pero conseguimos poner los miedos a un lado para dejarnos guiar por nuestra intuición.

Desde el instante en el que despegó el último avión rumbo a España sin nosotros, pasamos de ser viajeros a vivir viajando, ya daban igual los lugares que quisiéramos visitar, las metas que nos hubiésemos propuesto, los kilómetros, los países... Lo importante era que sentíamos el mundo como nuestro hogar y, mientras viviéramos los cinco juntos, todo estaría bien.

Conquistando la libertad

Al estar confinados y con la industria hotelera por los suelos, la idea de trabajar haciendo vídeos corporativos se vino abajo. Entonces Dani decidió apostar fuerte por Youtube, elaborando contenido informativo muy trabajado sobre el mundo de las autocaravanas, en el cual dábamos consejos basados en nuestra experiencia. Uno de esos vídeos tuvo buenas visualizaciones, haciendo que los suscriptores, por fin, empezaran a subir. Pero el verdadero *boom* del canal se lo debemos a los «ticos», quienes valoraron de forma positiva el hecho de que nos quedáramos en su país. Hicimos un vídeo resumen sobre nuestro confinamiento que captó la atención de los medios de comunicación de Costa Rica.

Gracias a eso el canal de Youtube despegó, lo que nos ha permitido continuar con nuestro viaje sin volver a preguntarnos cuál debería ser nuestra fuente de financiación. No es un camino fácil, pero sabemos cuál es el rumbo.

Con la educación también pasó algo muy clarificador: pasamos de ser los bichos raros que educábamos a nuestros hijos en casa a ser el referente para muchas familias que, obligadas, se veían en nuestra misma situación. Comenzaron a llegarnos mensajes de padres, incluso de profesores, que nos pedían consejo para dar las clases con los niños en casa. De repente, el mundo entero practicaba *homeschooling*. Las miradas se giraron hacia los que ya lo estábamos ejerciendo.

Mis padres, quienes siempre han visto con ojos reticentes este viaje, apoyaban nuestra decisión alegrándose de ver a sus nietos saborear el aire libre de la montaña, conscientes de que en España su situación sería muy distinta.

Desde que decidimos quedarnos, nuestro caminar se ha hecho más lento, aunque más seguro. Se nos abrieron nuevos horizontes en un mundo incierto. Lo que vino después fue una nueva etapa de plenitud, madurez y profesionalización, la cual tendrá que ser contada en otro momento.

Hoy, cuando cierro los ojos y pongo la mano en el corazón, me pregunto: «¿Marta, qué es lo que te llena de felicidad?» Lo primero que me viene a la mente son mis hijos jugando en una playa; en sus ojos puede verse lo felices que son. Después aparecen subidos a un árbol descalzos junto a otros niños. Luego los veo surfear, subir volcanes, celebrar un cumpleaños, ver nacer tortugas, nadar en el río…. Las imágenes de los tres viviendo el mundo se amontonan en mi cabeza con rapidez, una encima de la otra. Puedo percibir su libertad. Sé que no todo es perfecto, que el futuro es incierto, pero el regalo de una infancia feliz me reconforta.

Por mi parte siento que la mujer que soy ahora es más fuerte que la que salió de Madrid. He conseguido confiar en nuestro plan, ser firme en nuestra decisión y no ceder ante las presiones sociales, incluso con una pandemia de por medio. Sigo teniendo miedos que me acechan de tanto en tanto: la educación, la inestabilidad laboral, el futuro. Aunque es posible que estos miedos sean también los que mantienen mi creatividad activa buscando siempre diferentes caminos.

Al narrar nuestra historia no pretendo instruir a nadie, no soy quién para hacerlo. Solo quiero animarte a acallar las voces que dicen que no puedes; da igual que sea un viaje, cambiar de profesión, estudiar algo nuevo, emigrar... No importa cuál sea tu sueño, puedes lograrlo con determinación, esfuerzo y confianza. Te debes a ti mismo tener la vida que elijas.

Lo mismo que un río,
el hombre es cambio y permanencia.

Alexis Carrel

Agradecimientos

Hace más de un año —en Costa Rica— decidí escribir un libro sobre nuestra experiencia de vivir viajando en un camión con nuestros tres hijos. Aquel primer intento no pasó de unas cinco páginas en las que mezclaba acontecimientos sin un mensaje claro. Terminé abandonando el proyecto con cierta frustración.

Transcurrieron varios meses sin que yo intentara reabrir el plan, segura de que no sería capaz de escribir un libro hasta que no termináramos el viaje. Sin embargo, la vida envió a una mensajera muy especial que me abriría una nueva posibilidad. Mau Rives, autora del libro «Sin Check-In», es una viajera chilena, valiente y alegre que consiguió avivar la llama que dormía en mi interior. Con ilusión me dijo:

—Marta, tienes que escribir ese libro. Si yo lo he hecho, tú también puedes. Ponte en contacto con mi coach literario: Danny Absalón Young; es un tipo de otro planeta que hará que publiques ese libro que llevas dentro. Yo estaba igual que tú hace unos meses, hoy puedo regalarte con orgullo mi libro.

Guardé el teléfono de Danny (www.absalonyoung.com) para contactarle en cuanto tuviera algo de tiempo para trabajar. La parada en San Cristóbal de las casas, México, se estimaba como un buen momento para hacerlo. Bastó una sola sesión con él para saber que había hecho lo correcto; Danny se ganó mi confianza con su carácter y, cómo no, con su profesionalidad, la cual intuí en un primer ejercicio que hicimos juntos. Salí de aquella reunión con el mensaje de mi libro claro, así que estaba lista para empezar a trabajar. Desde ese momento Danny me ha guiado en el proceso de creación y estructura, que tanta falta me hacía, con comentarios acertados que avivaban mi propia creatividad. Con total convicción puedo decir que sin sus técnicas, acompañamiento y entrega, este libro no habría sido posible.

Tampoco nunca me hubiera atrevido a publicar el libro sin una exhaustiva corrección previa. Por suerte, cuento con el mejor de los profesionales en mi propia casa: mi padre es catedrático de *Lengua castellana y literatura*, también autor —Augusto Bruyel— de varios libros. Papá, gracias por dedicar parte de tu saber no solo a corregir el texto, sino también a mejorarlo con tus aportaciones. Este libro no sería el mismo sin ti.

Debo agradecer también los sinceros comentarios de mis «lectores cero» que me hicieron plantear, y mejorar, algunas carencias del primer manuscrito. Gracias a todos por dedicar vuestro tiempo —que no os sobra— a ayudarme en este propósito en el que con gran cariño habéis querido colaborar. Gracias, Aitziber Doistua, Cristina Saraldi, Albert Bruyel, Ángela Jarabo, Rut Sarabia, Clara Jarabo, Ana Rumbao y Daniel Gimeno.

El diseño metódico del libro es obra de www.chulitadesign.com, que con gusto esmerado y dedicación ha conseguido transmitir la naturaleza de este libro.

La foto de la portada se la debo al buen ojo del gran fotógrafo y amigo Kike Arnaiz. Gracias por captar con tu cámara la esencia del viaje y nuestra familia.

San Cristóbal de las Casas, Chiapas, México
Noviembre de 2021

Puedes ver las aventuras de nuestra familia en el canal de Youtube: Los Mundo

Ayuda a la **Asociación CREAMOS** en Bolivia.

Información de contacto:

creamossiemprecreamos@gmail.com

Tel: 591 4 4710175

Datos bancarios: BANCO BISA

Cuenta en Dólares: 165602-201-5

Cuenta en Euros: 165602-651-7

Cuenta en Bolivianos: 165602-001-2

Para las personas que estén en el exterior: Banco Bisa S.A.

Código SWIFT: BANIBOL XXXX

Av. Ballivian N799 esquina Teniente Arévalo.

Tel. 591 4 4252724

Manufactured by Amazon.ca
Acheson, AB